마음이 여유로우면
모든 일이 쉬워진다

■ 마음이 여유로우면 모든 일이 쉬워진다

· 초판 1쇄 발행일 　| 2001년 3월 26일
· 초판 4쇄 발행일 　| 2002년 10월 23일

· 지은이 　　　　　| 이상각
· 펴낸이 　　　　　| 이정원
· 펴낸곳 　　　　　| 도서출판 들녘미디어

· 등록일자 　　　　| 1995년 5월 17일/등록번호 · 10-1162
· 주소 　　　　　　| 서울시 마포구 합정동 366-2 삼주빌딩 3층
· 전화 　　　　　　| 마케팅 02-323-7849　편집 02-323-7366
· 팩시밀리 　　　　| 02-338-9640
· 홈페이지 　　　　| ddd21.co.kr

ⓒ 이상각 2001. Korea
값은 뒤표지에 있습니다. 잘못된 책은 구입하신 곳에서 바꿔드립니다.
ISBN 89-86632-52-7(03810)

마음이 여유로우면
모든 일이 쉬워진다

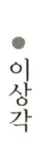

이상각 지음

책머리에

변화는 내면에서부터 시작되어야

강아지 한 마리가 자기의 꼬리를 물기 위해 빙글빙글 돌고 있었습니다. 그 모습을 본 어미개가 물었습니다.
"얘야, 너는 왜 자꾸 빙글빙글 돌고 있니?"
강아지가 대답했습니다.
"엄마, 나는 지금 행복을 잡으려고 하는 중이에요."
그러자 어미개가 웃으며 말했습니다.
"얘야, 행복이란 그렇게 쫓는다고 해서 잡을 수 있는 것이 아니란다. 그건 언제나 우리들 뒤에 있다는 걸 잊지 않으면 되는 거란다."

그렇습니다. 행복은 언제나 우리들 뒤에 있습니다. 하지만 그것을 억지로 얻으려 할 때 숨어 있던 불행이 우리를 괴롭힙니다. 땀흘려 일해 벌지 않은 돈을 쓰는 것이 악덕이듯, 희생 없는 행복이란 망상에 불과한 것입니다.

우리가 어떤 마음가짐을 갖고 오늘을 살아가느냐에 따라 내일의 모든 것은 달라지게 마련입니다. 긍정적이고 따뜻한 눈으로 하루를 임하는 사람과 당장의 허기에 분노하고 목전의 이익에 목말라하는 사람의 내일은 천양지차일 것입니다.

만일 올바른 자세를 가지고 있다면 인생이라는 여행은 즐겁고 유익한 경험이 될 수 있습니다.

"좋은 자세는 코르크와 같다. 그것은 당신을 끌어올릴 것이다. 하지만 나쁜 자세는 납덩어리와 같다. 그것은 당신을 끌어내릴 것이다"라는 철학자 케네스 라이트의 말처럼 우리의 삶은 전적으로 우리에게 달려 있습니다.

오늘의 짐과 어제의 짐, 내일의 짐을 모두 한꺼번에 지어 나르려고 하지 마십시오. 그렇게 한다면 그 무게 때문에 비틀거릴 수밖에 없게 될 것입니다.

과거의 짐은 과거로, 미래의 짐은 미래에 지십시오. 다만 오늘의 짐을 지십시오. 그렇다면 과거와 오늘의 무게를 더는 만큼 내일은 가벼울 것입니다. 우리가 여유롭다는 것은 곧 내일의 짐만을 남겨둔다는 뜻입니다.

이 책은 『명심보감』의 주옥같은 내용을 씨줄로 하고 중국과 우리나라의 고전과 일화 등을 날줄로 엮어 독자들로 하여금 지혜로운 삶의 거울에 자신을 비추어 내일을 예비할 수 있도록 준비한 것입니다. 그리하여 오늘의 내 마음을 바로 세우고 인생의 지난한 과정 속에서 생겨난 티끌들을 깨끗하게 정화해내었으면 하는 바람입니다.

우리 모두는 행복할 수 있는 존재들입니다. 때문에 오늘보다 나은 내일을 추구할 권리가 있습니다. 하지만 변화는 외면이 아니라 내면에서부터 시작되어야 합니다. 당신의 그 아름다운 시도에 이 책의 구절 하나라도 가슴에 남을 화인火印이 되었으면 합니다.

또 다른 시작을 위한 날
이 상 각

마음이 여유로우면 모든 일이 쉬워진다 / 차례

- 책머리에
- 선행은 곧 미래를 쌓는 것 9
- 나의 유산은 무엇인가 · 14
- 인내와 용서로 상대를 대하면… 17
- 어떻게 살 것인가 22
- 신의는 하늘의 이치 25
- 분별력은 나를 이루는 힘 28
- 운명이란 스스로 개척해 나가는 것 32
- 나는 어디에서 왔는가 35
- 뿌린 대로 거두리라 38
- 남에게서 나를 보라 42
- 벼가 익으면 고개를 숙이듯이 46
- 바른 충고의 미덕 50
- 욕망을 버리면 심신이 가벼우니 53
- 힘든 일일수록 한 번 더 생각하라 56

- 나는 왜 작은 일에 분개하는가 59
- 모든 일에는 절도가 있다 63
- 의심받을 일은 처음부터 하지 말라 66
- 말이란 실천함으로써 빛이 난다 69
- 정성껏 마음을 깨우치는 글 72
- 인생을 낭비하는 헛된 욕망 73
- 원인 없는 결과란 없다 76
- 언젠가를 위해 준비하라 79
- 열린 마음으로 세상을 바라보면… 82
- 어둠을 밝히는 촛불처럼 85
- 진실한 선행이란 보답을 바라지 않는 것 88
- 명예는 헛되이 꾸밀 수 없다 91
- 사귀지 말아야 할 친구 94

- 정의는 그 어느 것과도 바꿀 수 없다 95
- 탐욕을 버리면 마음이 넉넉하거늘 98
- 악습을 끊는 7가지 법칙 101
- 내 마음이 비뚤어져 있는데… 102
- 마음 다스리기 105
- 참는 자가 승리한다 107
- 겸손하게 재능을 키워나가라 111
- 위기를 이겨내는 4가지 마음가짐 115
- 나눔이란 마음을 위로해주는 샘물 116
- 높은 산에 올라야 세상을 볼 수 있듯이 119
- 조용히 생각하라, 생각을 조용히 하라 122
- 학문의 유익함이란 125
- 배우는 사람이 버려야 할 8가지 습관 128
- 현명한 부모는 자식을 가두지 않는다 130
- 자식 사랑하는 마음이 깊을수록… 133

효도하는 자식 하나면 충분한 것을 136
● 배우는 아이들의 경계 17조목 139
가을이 오면 겨울이 다가옴을 알라 140
강물은 바다로만 흐르지 않는다 143
현재를 보면 과거를 알 수 있다 148
나의 눈으로 나를 보라 152
믿음이 곧 인재를 만든다 155
도무지 알 수 없는 사람의 마음 159
올바른 생각이 싹트려면 162
그 사람을 보고 배운다 165
누가 나를 알아줄 것인가 168
삶의 즐거움을 누리려면 능력을 키워라 171
어려울 때일수록 꿋꿋하게 174
제대로 쓸 줄 아는 사람이 잘 번다 177
돈으로도 살 수 없는 지혜 180
하늘을 나는 자유로운 새처럼 183
● 북송 6대 황제 신종의 좌우명 185
너도 옳고, 또 너도 옳다 186
사람의 말이란 튀는 공과 같아서 189
일확천금은 재앙의 근원 192
즐거움에는 절제가 있어야 한다 195
의리와 객기는 항상 다툰다 198
비워야 다시 채울 수 있다 202
내일을 준비하는 마음으로 205
● 장사숙의 좌우명 208
행동이 모범을 만든다 209
말, 말, 말… 212
지혜로운 여자는 겸손하다 215

당신은 혼자 살 수 있나요? 217
예의를 아는 사람의 마음가짐 220
자식의 허물은 곧 부모의 허물 223
소문에 귀를 닫고 입을 조심하라 226
두 개의 얼굴을 가진 술 229
참된 우정과 거짓 우정 232
함께 할 사람 누구인가 235
그녀에겐 특별한 것이 있다 239
아내는 가정을 이루는 커다란 힘 242
눈 덮인 들길 걸어갈 제… 245
세월은 나를 위해 기다리지 않는다 248
시작은 당장, 실천은 꾸준하게… 251

● 일러두기 : 『명심보감』의 구성

「계선繼善」편 – 끊임없이 선행을 해야 한다
「천명天命」편 – 하늘의 뜻에 따라 살라
「순명順命」편 – 천명을 따르라
「효행孝行」편 – 어버이에게 효도하라
「정기正己」편 – 자신을 올바로 세워라
「안분安分」편 – 분수를 지켜 만족하라
「존심存心」편 – 자신에게는 엄격하고 남에게는 관대하라
「계성戒性」편 – 성품을 경계하라
「근학勤學」편 – 학문에 부지런히 힘쓰라
「훈자訓子」편 – 자식을 잘 가르쳐라
「성심省心」편 – 마음을 살펴라
「입교立教」편 – 가르침을 세워라
「치정治政」편 – 정치를 잘하라
「치가治家」편 – 집안을 잘 다스리라
「안의安義」편 – 인륜을 지키며 의리있게 살라
「준례遵禮」편 – 예절을 따르라
「언어言語」편 – 말을 조심하라
「교우交友」편 – 친구를 잘 사귀라
「부행婦行」편 – 훌륭한 여성이 되라

판본에 따라 인과응보에 대한 가르침을 모은 「증보增補」편, 반성을 위한 가르침을 노래로 지은 「팔반가八反歌」, 우리나라 효자들의 일화를 예로 든 「속효행續孝行」편과 청렴과 의리를 강조한 「염의廉義」편, 힘써 배우기를 권하는 「권학勸學」편 등이 붙어 있기도 하다.

선행은 곧 미래를 쌓는 것

착한 일을 하는 사람에게는 하늘이 복을 내리고
악한 일을 하는 사람에게는 하늘이 재앙을 내린다.
(繼善-1 · 공자)

중국 후한시대의 일이다. 오나라 사람 손종은 홀어머니와 함께 살았는데 몹시 가난했다. 하지만 손종은 집 앞에 있는 조그만 텃밭에 오이를 심어 장에 내다팔아, 자신은 끼니를 거르는 한이 있어도 어머니가 굶거나 춥지 않도록 정성을 다해 모셨다.

세월이 흘러 늙으신 어머니가 병을 얻었는데 손종의 지극한 간병에도 불구하고 마침내 세상을 떠나고 말았다. 며칠 뒤 장례식을 마친 손종은 슬프고 저린 마음을 추스른 뒤 어머니를 안장安葬하기 위해 관을 메고 가까운 산으로 올라갔다. 그런데 아무리 산 속을 헤집고 다녀도 어머니를 모실 만한 장지를 찾을 수가 없었다.

아침부터 저녁까지 끼니를 거르고 산을 헤매던 손종은 지치고 피곤해 잠시 주저앉아 땀을 훔치며 숨을 고르고 있었다.

때마침 산길을 지나가던 세 명의 노인이 그에게 다가와서 배가 고프니 먹을 것을 좀 달라고 청했다. 손종은 선선히 집에서 싸온 밥과 오이를 내주었다.

허겁지겁 식사를 마친 노인들은 손종에게 물었다.

"정말 고맙네. 자네도 하루 종일 굶었을 텐데……, 신세를 졌구먼. 그런데 자네는 무슨 일로 여태까지 이 산 속을 헤매고 있었는가?"

"예, 어머님께서 돌아가셔서 장지를 찾고 있습니다."

"아아, 그랬구먼. 은혜를 입었으니 우리가 좋은 자리를 찾아주겠네."

노인들은 잠시 주변을 돌아보는가 싶더니 이내 손종에게 물었다.

"그대는 대대로 이어지는 제후를 하고 싶은가, 몇 대에 끝나는 천자가 되고 싶은가?"

손종은 노인들의 말이 허황하여 믿기지 않았지만 정중한 태도로 대답했다.

"기왕이면 천자가 좋겠지요."

"그렇다면 여기서부터 산 아랫녘으로 백 보를 걸어가 보게. 널찍하고 하늘이 트인 자리가 있을 테니 거기에 묘를 쓰도록 하게."

노인들은 이렇게 말하고 총총히 길을 떠났다. 손종이 그 말대로 백 보를 셈하며 내려가보니 과연 숲 속에 하늘이 훤히 트인 자리가 있었다. 손종은 노인들에게 감사해하며 그곳에 어머니의 시신을 안장했다.

그후 손종은 결혼하여 천자의 옥새를 거머쥔 손견을 낳았고, 손견은 마침내 오나라 황제로 등극한 손권을 낳았다.

손권은 또한 제위를 물려받은 손화와 손휴를 낳았다. 그뒤 손화의 아들 손호는 사마 씨가 세운 진나라에게 나라를 내준 뒤 그 땅의 제후가 되었다.

『유명록』이란 책에 전하는 일화다. 손종의 효성과 정성이 하늘을 감동시켜, 그로부터 몇 대에 이르기까지 엄청난 부귀영화를 누렸다는 내용이다.

착한 일을 하면 복을 받고 악한 일을 하면 벌을 받는다. 어떻게 보면 너무나 당연한 교훈처럼 보인다. 하지만 많은 사람들이 그 사실을 알면서도 두려워하지 않는다. 악행을 저질러도 징벌당하지 않는 사람들이 너무 많기 때문일까?

'법대로 한다'는 말은 오늘날 폭력배들의 말투처럼 들리고 '법 없이도 살 사람'은 간교한 무리들에게 이용만 당하며 살아가는 바보들의 대명사가 되어버렸다.

그러나 악행을 일삼으면서도 뉘우치지 못하는 사람들이 미처 깨닫지 못하는 것이 있다. 그것은 선의 보답이 유전되는 것처럼 악의 업보도 자손만대로 이어진다는 점이다.

악의 영화는 달콤한 순간에 지나지 않는다. 하지만 선의 보답은 명예롭고 당당하다. 하늘은, 당신이 행한 그대로 되돌려준다는 이치가 바로 여기에 있다.

『명심보감』의 첫머리를 장식하고 있는 공자는 스스로를 일컬어 "모르면 열심히 분발하여 먹는 것도 잊고 배우며, 알고 나면 즐거워서 근심도 잊고 부지런히 힘쓰고 살아가며, 늙음이 오는지도 모르는 사람이다"라고 표현했다.

실로 공자는 인생의 온갖 간난신고艱難辛苦를 맛보았지만 끊임없이 자신을 단련시키고, 세상을 긍정적인 방향으로 변화시키기 위해 최선을 다한 인류의 스승이었다. 언젠가 제자인 자공이 평생의 신조를 묻자 이렇게 대답했다.

내가 원하지 않는 것을 다른 사람에게 베풀지 말라.

곧 내가 싫은 것은 남도 싫어한다는, 너무나도 평범하지만 지켜지지 않는 인간 관계의 바른길을 강조한 것이다.

이런 바탕에서 공자는 선행을 쌓는 것이 곧 미래를 쌓는 것이라고 강조하고 있다. 선한 일을 하는 사람은 언젠가는 그 보응報應을 받으며, 악한 일을 하는 사람은 반드시 하늘의 징벌을 피할 수 없다는 것이다.

일견 너무나 당연하고 평범한 말이지만 여기에 인간 생애의 깊은 통찰과 달관이 담겨 있다. 가장 가까운 사람에서부터 먼 데 있는 사람까지 모두가 함께 살아간다는 공생의 미덕을 품지 않는다면 금세 정상에서 나락으로 떨어지는 것이 인간의 삶이다.

일찍이 이런 삶의 허상을 깨달았던 공자는 오늘을 사는 우리에게까지 이렇게 질타하고 있다.

하늘이 너를 알고 땅이 너를 안다. 그 사이에 주어진 네 짧은 생애를 부끄러움 없이 광명정대하게 살라. 네 생애에서 겪는 길흉화복은 오로지 그로부터 결정되는 것이다.

나의 유산은 무엇인가

돈을 모아 자손에게 남겨주어도
자손이 다 지켜내지 못한다.
책을 모아 자손에게 남겨주어도 자손이 다 읽지 못한다.
그러므로 남 몰래 선한 일을 많이 하여
자손의 앞날을 계획하는 편이 훨씬 낫다.

(繼善-6 · 사마온공)

춘추시대, 제나라 무성제의 셋째왕자인 낭야왕은 어렸을 때부터 매우 총명해서 왕과 왕후가 그를 몹시 사랑했다. 그리하여 의복이나 식사 등의 모든 예우를 태자 고위와 똑같이 해주며 아껴주었다.

마침내 왕이 세상을 떠나고 태자가 즉위한 뒤에는 낭야왕을 다른 궁전으로 옮겨 살게 했는데, 그때까지도 그에 대한 왕후의 총애는 지극해서 다른 왕자들과 비교할 수 없을 정도였다. 이렇게 되자 낭야왕은 점차 교만방자해져서 자신에 대한 대접이 왕의 그것에 미치지 않으면 몹시 화를 내곤 했다.

어느 더운 여름 날, 요리사가 시원한 얼음을 왕에게 올리고 정원사가 싱싱한 햇자두를 바쳤다. 이 소식을 들은 낭야왕은 자신도 그것을 얻으려 했지만 이루지 못했다. 그러자 그는 직접 왕을 찾아가 길길이 날뛰며 욕설까지도 서슴지 않았다. 하지만 왕은 그에 대한 모후의 사랑을 생각해 꾹 참았다.

마침내 왕이 자신을 어찌하지 못한다는 것을 알고 더욱 의기양양해진 낭야왕은 그만 분수를 잊고 넘어서는 안 될 선을 넘고 말았다.

재상 화사개가 자신을 모욕했다는 빌미를 잡아 낭야왕은 칙령을 위조하여 그의 목숨을 빼앗았던 것이다. 또 그 일로 자신을 공격하려는 무리가 있을까 염려하여 사병을 동원하여 궁궐을 봉쇄하기까지 했다. 물론 이것은 반역의 의도와는 거리가 먼 그야말로 철없는 행동이었지만, 이 사건은 결정적으로 왕의 분노를 사고 말았다. 그리하여 모후가 세상을 떠나자마자 왕은 그를 반역 혐의로 체포하여 목을 베어버렸다.

결국 낭야왕의 비극은 부모의 편애에서 비롯된 것이었다.

부모가 자식을 위하여 많은 재산을 남겨주거나, 학식을 쌓게 해주는 것 따위는 모두 헛된 일이다. 차라리 스스로 선행을 많이 쌓아 그 이름으로써 사람들이 자손들에게 덕을 베풀도록 안배하는 것이 훨씬 낫다는 의미다.

역사를 돌이켜보면 돈이나 학벌만으로 가문의 명예를 지키려는 시도는 대부분 일장춘몽이 되곤 했다. 오로지 나눔과 베풂의 삶을 산 사람들만이 자손들에게 긍지와 명예라는 보물을 남겨줄 수 있었던 것이다.

중국 남북조시대의 학자인 안지추가 쓴 훈육서인 『안씨가훈』「교자편教子篇」에서는 자식 교육에 대하여 다음과 같이 말하고 있다.

"며느리 길들이기는 가마가 들어올 때부터, 자식 교육은 젖먹이 때부터 시작해야 한다."

그는 조기 교육을 중시하여 반드시 태교를 행하고, 어릴 때부터 지식보다는 예절을 몸에 익히도록, 자상하면서도 엄하게 가르쳐야 한다고 강조했다.

아이를 키우면서 애틋한 정 때문에 회초리를 아낀다면 부모로서의 자격이 없다. 병이 나면 쓴 약을 먹이거나 따끔한 침을 놓듯이, 자식을 바른길로 인도하는 데 있어서 사랑의 매는 필수적이라는 의미다.

부모와 자식이란 유전적인 형질과 성격을 고루 이어받는 관계이므로 지나치게 멀어서도 안 되고 지나치게 가까워서도 안 된다. 따라서 부모 자식 간에 자애와 효성이 있어야 하며, 게으름과 교만함을 경계해야 하는 까닭이다.

예나 지금이나 부모들이 저지르는 커다란 잘못 중의 하나가 자식들에게 재물을 물려주려고 수단과 방법을 가리지 않는 일이다. 이와 같은 잘못된 사랑은 자식을 분수를 모르는 인간으로 자라게 하고, 그 자식은 편협된 자기애에 빠져 일생을 무의미하게 낭비하고 만다.

인내와 용서로 상대를 대하면…

나에게 선한 사람에게는 나도 선하게 대하고
나에게 악하게 대하는 사람일지라도 역시 선하게 대할 것이다.
내가 이미 남에게 악하게 대하지 않았다면
그 사람도 나에게 악하게 대할 수 없을 것이다.

(繼善-8 · 장자)

조선 중엽, 평양감사로 제수된 이만원이 임지에 부임했을 때의 일이다. 당시 종4품의 서윤 벼슬에 있던 사람이 청렴결백한 그를 별로 탐탁잖게 생각하여 조그만 일에도 사사건건 이의를 제기하는 바람에 두 사람의 사이가 몹시 나빠졌다.

그러던 어느 날 이감사가 보관하고 있던 병부가 감쪽같이 없어졌다. 병부는 비상시 병사로 동원할 수 있는 백성들의 명단이 적혀 있는 매우 중요한 문서였다. 때문에 이것을 잃어버린 관리는 엄중한 벌을 받게 되어 있었다.

이감사는 틀림없이 그 서윤의 짓이라고 여겼지만 아무런 증거도 없이 무작정 추궁할 수도 없는 노릇이었다. 낙담한 그는 집에 가서 어머니에게 자초지종을 고하고는 이렇게 말했다.

"제가 이제 병부를 잃었으니 나라에 커다란 죄를 짓게 되었습니다. 의심할 만한 사람은 있지만 제 능력으로 밝혀내기가 어려우니, 이제 조정에 죄를 청하는 수밖에 없습니다. 소자의 불효를 부디 용서해주십시오."

그런데 지혜로웠던 이감사의 어머니는 낙담한 아들을 진정시킨 뒤, 밤이 깊도록 병부를 되찾을 방법을 강구했다. 다음날 아침이 되자 어머니는 아들을 불러 은밀하게 방법을 일러주었다.

그날 저녁이 되자 이감사는 자신을 보좌하는 감영의 서윤·도사(都事 : 조선시대 감사監司의 보좌관으로 파견한 지방관)들을 연광정으로 불러 주연을 베풀었다. 한참 흥이 무르익을 무렵, 갑자기 관원 하나가 달려와 감영 안에 불이 났다고 보고했다.

모두들 놀라 감영이 있는 쪽을 바라보니 과연 연기가 뿌옇게 올라오고 있었다. 그러자 감사는 급히 차고 있던 병부 주머니를 그 서윤에게 넘겨주면서 여러 사람에게 들리도록 큰 소리로 말했다.

"내가 먼저 가서 불을 끌 터이니, 그대는 이 병부를 잘 가지고 있으라. 병부를 잃어버리면 그 죄가 중하니 각별히 조심하라."

그러자 서윤은 감히 사양하지 못하고 그 주머니를 받았다. 사실 불은 어머니의 꾀에 따라 사람을 시켜 일부러 마른 짚을 태워 연기를 피워올린 것이었다. 이감사는 감영으로 돌아와 불을 다 끈 체하고 뒤늦게 도착한 서윤을 불러 병부 주머니를 돌려받았다.

이감사가 곧바로 병부 주머니를 열어보니, 과연 안에 병부가 온전하게 들어 있었다. 이감사는 태연한 표정으로 통인을 시켜 병부 주머니를 봉하게 하고 이렇게 말했다.

"이것은 매우 소중한 문서이니 간악한 무리의 손에 닿지 않도록 잘 보관하라."

곁에서 이 말을 들은 서윤의 얼굴이 시뻘겋게 달아올랐다. 하지만 이감사는 짐짓 모른 체했다. 이후 서윤은 이감사에게 감히 함부로 대하지 못했다.

힌두교 속담에 "선한 사람이 되라, 그러면 선한 세상이 될 것이다"라는 말이 있다. 하지만 참으로 일관되게 선한 마음을 갖고 사는 일이 말처럼 그리 쉬운 것은 아니다.

그것은 극기와 관용이라는 자기 단련을 기초로 하기 때문이다. 또 그것은 대인 관계의 요령과도 관련된다. 우리는 타인을 대할 때 어떤 마음가짐을 가지고 다가서야 하는가. 조선 중기의 학자인 이수광은 다음과 같이 질타한다.

> 남이 나를 믿어주지 않는 것은 곧 내 마음가짐이 참되지 못한 까닭이고, 남이 나에게 순종하지 않는 것은 곧 내가 참된 뜻을 다하지 않은 까닭이다.

이런 관점에서 보면 평양감사 이만원이 겪은 위기는 분명 부덕의 소치일 것이다. 물이 너무 맑으면 고기가 놀지 않는 것처럼 서윤과 같은 인물을 포용하여 쓰려는 노력이 부족했던 것이다.

사악한 행동은 질투와 탐욕, 교만에서 비롯된다. 그런 마음으로 대하면서 그에 걸맞은 징벌만을 모색한다면 세상은 아무리 노력해도 밝아지지 않는다. 흐려진 상대방의 눈을 밝혀주려는 노력이 필요한 것이다. 여기 작가 미상의 아름다운 시가 있다. 이 시가 당신에게 던져주는 마음은 과연 무엇이겠는가?

만일 당신에게 해야 할 일이 있다면,
지금 그것을 하라.
오늘은 하늘이 맑고 푸르다고 해도,
내일은 하늘에 구름이 낄 수도 있다.
어제는 당신의 것이 아니다.
지금 그것을 하라.

만일 당신에게 불러야 할 노래가 있다면
지금 그것을 불러라.
봄철에 새가 지저귀듯이
명랑한 목소리로 노래를 불러라.
매일을 노래와 함께 하라.
지금 그것을 불러라.

만일 당신에게 해주어야 할 친절한 말이 있다면

지금 그것을 말해주어라.
내일은 당신에게 찾아오지 않을 수도 있다.
할 수 있을 때 친절을 베풀어라.
사랑하는 사람들은 항상 머무르지 않는다.
지금 그것을 말해주어라.

만일 당신에게 보여주어야 할 미소가 있다면
지금 그것을 보여주어라.
마음을 행복하게 만들어라. 장미꽃을 길러라.
당신 주위에 있는 친구들이 당신 곁을 떠나기 전에
당신이 그들을 사랑하고 있다는 사실을 알게 하라.
지금 그것을 보여주어라.

어떻게 살 것인가

> 사람이 만일 선하지 않은 짓으로
> 세상에 그 이름을 알린다면,
> 다른 사람이 해치지 않더라도
> 하늘이 반드시 죽일 것이다.
>
> (天命-5 · 장자)

　영웅들의 각축장이었던 삼국시대 이후 사마 씨의 진나라가 천하통일을 하게 된 것은 어떤 측면에서 보면 오나라 천자인 손호의 폭정 탓이었다.

　촉과 위가 멸망한 뒤에도 강남의 오나라는 지리적인 이점과 우월한 경제력으로 진나라와 팽팽한 세력을 유지하고 있었다. 하지만 제4대 왕인 손호가 충신들을 쫓아내고 백성들을 잔혹하게 다스렸으므로 민심은 멀어지고 자연스럽게 군사들도 사기를 잃고 말았다. 이 틈을 타 진나라가 총공세를 펼치니 풍요로웠던 대국 오나라의 영화가 일시에 무너지고 말았던 것이다.

당시 손호의 포학성이 어느 정도였느냐 하면 죄인을 벌겋게 단 기둥 위를 걷게 하여 태워 죽이는 혹형에 처하는가 하면, 자기 뜻을 거스른 궁녀를 그 자리에서 참살해서 격류激流에 던져버리곤 했다.

그 가운데 대표적인 것이 '박면피'라는 고사성어를 만들어낸 일이다. 그는 어느 날 목숨을 걸고 바른말을 하는 신하의 낯가죽을 벗겨 죽여버렸다. 이로 말미암아 조정에는 감히 바른말 하려는 사람이 사라져버렸고, 간신들만 득실거리게 되었던 것이다.

마침내 오나라가 멸망한 뒤 왕과 신하들이 진나라의 수도인 낙양으로 끌려갔을 때, 진나라의 실력자인 가충이 그 소문을 듣고 손호에게 물었다.

"당신은 어찌하여 사람의 낯가죽을 벗기는 잔혹한 짓을 했소이까?"

그러자 손호는 태연한 표정으로 이렇게 대답했다.

"그놈의 낯가죽이 두꺼운 것이 밉살스러웠기 때문이었소."

이 고사는 『배씨어림』이라는 책에 수록되어 있는데, '면피를 벗긴다'는 것은 '파렴치한 자의 면모를 밝혀 수치를 맛보게 한다'라는 뜻을 담고 있다.

선조인 손종의 선행으로 세워진 오나라가 후손인 손호의 악행으로 몇 대를 지나지 않아 멸망하게 되었으니, 참으로 하늘의 진정한 뜻이 어디에 있는지를 알 수 있다.

예나 지금이나 선하게 살아간다는 것은 참으로 어렵다. 맑은 물에는 물고기가 살지 않고 청렴한 사람에게는 무리가 모여들지 않는 세태에서, 어쩌면 적당히 손에 티를 묻히며 살아가는 것이 자신을 보전할 수 있는 지혜인지도 모른다.

세상에는 흑과 백으로 정확하게 가를 수 있는 문제가 그리 많지 않다. 대부분이 상대적인 선악의 경향을 띠게 되는 것이어서 중용을 유지하기도 힘들다. 이런 까닭에 북송 때의 정치가이며 학자였던 사마온공은 항상 마음속에 '가운데 중中자'를 담고 불편부당不偏不黨한 판단을 내릴 수 있도록 자신을 채찍질했다고 전해진다.

세상이 어지럽다고 하는 까닭은 사람들의 마음에 의리와 사랑이 아니라 불의와 미움이 더욱 강하게 자리잡고 있기 때문이다.

만일 자신을 사랑하듯 남을 사랑한다면 미움이 어디에 있겠으며 불의가 어디에 있겠는가. 하지만 사람들은 자신만을 오로지 생각하기 때문에 아무런 죄책감 없이 남을 해치는 일을 하는 것이다.

"더불어 사랑하는 일만큼 좋은 일은 없다. 하지만 이것은 천하에서 가장 어려운 일이다"라는 묵자의 한탄은 어디에서 나왔을까. 모두가 선한 세상을 꿈꾸면서도 정작 제 스스로는 아무것도 고치려 하지 않았기 때문에 이런 한탄이 나온 것이다.

강자가 약자를 쓰다듬고, 다수가 소수의 목소리에 귀를 기울이며, 부자가 가난한 사람을 돕는 일은 그리 어렵지 않지만 실천하는 사람은 참으로 드물다. 그리하여 인간의 역사는 손호와 같은 극악한 인물까지도 경계의 본보기로서 그 이름을 전해주는 것이 아니겠는가.

신의는 하늘의 이치

오이를 심으면 오이를 따고 콩을 심으면 콩을 딴다.
하늘의 그물은 넓고 넓어 성글지만 새지 않는다.
(天命-6)

조나라 혜문왕과 효성왕 시절, 재상의 자리에 있었던 평원군 조승의 집에는 식객들이 몇천 명이나 될 정도로 많았다. 그가 식객들의 재주를 사랑하여 찾아오는 사람마다 예의로써 대했기 때문이었다.

그의 커다란 저택에는 높은 누각이 있어 민가를 내려다볼 수 있었다. 어느 날 민가에 살던 절름발이 총각이 절뚝거리면서 물지게를 지고 조승의 집 앞을 지나갔다. 그때 누각 위에서 아래를 내려다보던 조승의 애첩이 그 모습을 보고 재미있다는 듯이 손가락질하며 웃었다. 그러자 다음날 조승에게 그 절름발이 총각이 찾아와 탄원했다.

"수많은 식객들이 이 집에 머무는 것은 당신이 인재를 중히 여기고 백성을 긍휼히 여기는 까닭입니다. 그런데 이 집에 사는 여자가 불행하게 사는 저를 보고 비웃었으니 참으로 용서할 수 없는 일입니다. 원컨대 그녀를 쫓아내어 크신 덕을 보여주십시오."

이 말에 조승은 고개를 끄덕이고 절름발이 총각을 돌려보냈다. 그런데 막상 애첩을 쫓아내려고 보니 애처롭기도 하고 사랑스러워 도저히 그 말을 꺼낼 수가 없었다. 그래서 조승은 우물쭈물하다가 그냥 그녀를 놓아두었다.

그로부터 일년도 채 되지 않아 집에 머물던 식객들이 하나둘 떠나버리니, 숫자가 거의 반으로 줄어들었다. 이상하게 생각한 조승은 작별인사를 하러 온 식객 중의 한 사람에게 그 이유를 캐물었다.

"대체 무슨 까닭인가? 그토록 우리 집에 머물기를 청하던 식객들이 이젠 서로 떠나기를 원하니 말일세."

그러자 그 식객은 한참을 망설이더니 이렇게 대답했다.

"그것은 예전에 공께서 절름발이 총각을 비웃은 애첩에게 벌을 주지 않고 그대로 두었기 때문입니다. 그뒤로 사람들은, 공께서는 인재보다 여자를 더 좋아한다고 여기게 되었습니다."

비로소 사태의 전말을 알아챈 조승은 당장 애첩을 고향으로 쫓아낸 다음 절름발이 총각의 집에 찾아가 약속을 어겼던 일에 대하여 사과했다. 그러고 나니 얼마 지나지 않아 그의 곁을 떠나갔던 사람들이 모두 되돌아왔다.

"콩 심은 데 콩 나고 팥 심은 데 팥 난다"는 말이 있다. 원인 없는 결과가 없다는 뜻이다. 우리가 나쁜 친구들과 어울리면 자신도 모르게 나쁜 길을 걷게 되고, 좋은 친구들과 어울리면 자신도 모르게 좋은 길을 걷게 된다는 것은 자명한 이치다.

대개 도둑의 의리는 탐욕으로 비롯되었기에 한번 돌아서면 그만이지만, 선비의 의리는 맑고 맑아서 그 기운이 세월 속에 오롯이 살아 있게 된다.

때문에 도둑의 의리에 매어 있는 사람은 자신이 저지른 악행조차 신의를 들먹이며 지키려 하지만 결코 오래가지 못한다. 그러나 하늘의 이치를 알고 참다운 의리를 지향하는 사람은 선악을 명확히 구별하여 자신의 이름을 더럽히지 않는다.

하늘의 이치란, 밤은 어둡고 낮은 밝은 것처럼 선을 행하면 복을 받고 악을 행하면 징벌을 받는다는 절대불변의 진리를 일컫는다.

우리는 살아가면서 종종 그런 진리가 틀린 것처럼 느껴질 때가 있다. 하지만 그것은 의리가 사람에 따라 다르기 때문이다. 곧 선을 악으로, 악을 선으로 잘못 판단한 자신의 선택과도 관계가 있다는 뜻이다.

분별력은 나를 이루는 힘

모든 일은 분수가 이미 정해져 있는데 세상 사람들은 부질없이 자기 혼자서만 바쁘게 움직이고 있다.
(順命-2)

조선 중엽 한양에 김성기란 사람이 살고 있었다. 그는 원래 활을 만드는 궁인이었지만 거문고의 명인 왕세기란 인물을 만나 거문고 연주법을 배운 뒤 몇 년 지나지 않아 마침내 그 누구도 흉내내지 못할 경지에 이르렀다.

그는 또한 통소와 비파의 오묘한 경지를 터득했고, 작곡 실력도 뛰어나 스스로 곡을 만들어 연주하기까지 했다.

나이가 들어서는 마포나루에서 작은 배를 타고 낚시를 하면서 살았는데, 바람이 잔잔하고 달빛 밝은 밤이면 강 가운데로 나가 통소를 불곤 했다. 강가에서 그의 곡을 접한 사람들은 슬픈 듯, 원망하는 듯한 곡조에 자신도 모르게 눈물짓곤 했다.

이런 까닭에 당대의 권문세가에서 연회를 열게 되면 아무리 많은 악사들이 있어도 김성기가 빠지면 주인은 손님들에게 부끄러워 얼굴을 들지 못할 지경이었다.

당시 권력자 중에 궁노 출신의 목호룡이란 사람이 있었다. 그는 양반가의 노비였을 때 고변告變으로 큰 옥사를 일으켜 많은 사람들을 죽게 한 후 공신이 된 인물이었다. 그 일로 권력과 영화를 한 손에 쥐게 된 목호룡은 오만방자해져서 많은 사람들을 괴롭혔다.

이 목호룡이 어느 날 집안에서 큰 연회를 열고 김성기를 불렀다. 하지만 평소 그를 경원시했던 김성기는 병을 핑계로 집안에 틀어박힌 채 꼼짝도 하지 않았다.

여러 차례 심부름꾼을 보냈지만 그가 여전히 불응하자 몹시 화가 난 목호룡은 심부름꾼을 통해 이렇게 최후 통첩을 내렸다.

"빨리 오지 않으면 가만두지 않겠다."

그 말을 전해들은 김성기는 방 안에서 켜던 비파를 마당에 내던지며 이렇게 소리쳤다.

"내 나이 이미 일흔인데 어찌 죽음을 두려워하겠느냐? 호룡이란 놈이 고변을 잘한다 하니, 어디 한 번 또 고변을 하여 나를 죽여보라고 해라!"

그 서슬에 놀란 목호룡은 슬그머니 꼬리를 거두었다. 이때부터 김성기는 남에 집에 가서 연주하는 일을 그만두고 혼자 퉁소를 불면서 유유자적한 세월을 보냈다.

그는 사람됨이 곧고 말이 적었으며 술을 좋아하지 않았다. 또 강변의 오두막집에서 청빈하게 살다가 마침내 생을 거두었으니 세간에 분수를 모르고 날뛰는 이들이 그의 이야기를 듣고 부끄러워 낯을 들지 못했다.

　남들이 싫어하는 일이나 힘든 일에 발벗고 나서는 사람은 원하는 목표에 다다를 수 있다. 누구든 자신이 하고 싶은 일만 하고서는 정점에 이를 수 없다. 하지만 능력 밖의 일을 억지로 도모한다면 시간과 노력을 함께 잃어버리는 결과에 이르기 십상이다. 우선 기초를 튼튼히 닦은 다음 기둥을 세워야 지진에도 무너지지 않는 건물을 세울 수 있는 것이다.
　이렇듯 자신을 이루는 데 있어 분별이란 매우 중요하거니와 혼탁한 세상을 정화하는 데도 일조를 하게 된다. 자신의 한계와 가능성을 바탕으로 정정당당하게 행동한다면 망상과 몽상 속에서 떠도는 숱한 이들의 지표가 될 수 있는 것이다. 정의로움은 정직한 이들의 돛대가 되고 소인배들을 제어하는 굳건한 닻이 되곤 한다.
　그러나 아무리 옳고 그름을 분별하더라도 부드러움을 잃어서는 안 되며, 아무리 용감하다 할지라도 때로는 돌아가야 할 줄 알아야 하고, 아무리 아름답다 할지라도 부끄러움을 잊어서는 안 된다.

　지금 여기에 다섯 개의 송곳이 있다고 하자. 그 중에는 뾰족한 것이 있을 것이고 무딘 것이 있을 것이다. 하지만 가장 빨리 닳는 쪽은 오히려 뾰족한 쪽이다.

　예로부터 자신의 장점이 크게 부각되어 성공한 인물도 많지만 또 그로 인하여 중도하차한 인물도 적지 않은 것은 바로 그런 이치에서다.

　"크게 융성한 것은 지키기 어렵다"란 교훈을 가슴속에 새겨두자. 분수를 알고 자신을 억제하려는 굳은 마음가짐이 필요하다는 의미다.

운명이란 스스로 개척해 나가는 것

때를 만나면 바람이 왕발을 등왕각으로 보내고,
운이 없으면 벼락이 천복비를 때린다.
(順命-4)

당나라 때, 도독 염백서란 사람이 남창땅에 '등왕각' 이란 정자를 세우고 낙성식 때에 자신의 사위에게 서문을 짓게 하여 이름을 높여 주려고 했다.

그런데 낙성식 전날 동정호 부근에 살던 왕발이란 선비의 꿈에 한 노인이 현몽하여 내일 열리는 남창의 등왕각 낙성식에 가서 서문을 지으라고 명했다.

왕발이 불현듯 꿈에서 깨어 곰곰이 생각해보니 남창은 그가 있는 곳에서 7백리 길이어서 하룻밤에 가기에는 도저히 불가능했다. 하지만 그냥 지나치기에는 꿈에 나타난 노인의 말이 너무나 생생했다.

한참 고민 끝에 결심을 굳힌 왕발은 간단히 짐을 꾸린 뒤 나루에 가서 배를 탔다. 그런데 그날 밤은 어찌나 바람이 잘 불던지 왕발이 탄 배는 그야말로 순풍에 돛단 듯 순식간에 남창에 도달했다.

이렇게 해서 등왕각 낙성식에 참석한 왕발은 훗날 천하제일의 문장으로 알려진 '등왕각서'를 써서 세상을 깜짝 놀라게 했을 뿐만 아니라, 낙성식을 계기로 자신의 사위를 출세시키려던 염백서의 코를 납작하게 했다. 이것은 실로 하늘의 도움이 없으면 이룰 수 없는 커다란 행운이었다.

한편, 송나라 때 한 가난한 선비가 어떤 상인으로부터 파양현 천복산에 있는 명필 구양순의 '천복비' 탁본을 떠오면 많은 돈을 주겠다는 말을 듣고 온갖 고생 끝에 비문이 있는 곳까지 다다랐다.

그가 천복사에 올라가보니 마침 한밤중인데다가 거센 비바람이 몰아쳐 도저히 탁본을 뜰 수 없었다. 하는 수 없이 다음날 아침을 기다리기로 하고 선비는 그곳에서 하룻밤을 묵었다.

그런데 공교롭게도 그날 밤 천복사의 비석이 벼락을 맞아 산산이 부서지고 말았다. 그 선비에게는 엄청난 불운이라 하지 않을 수 없었다.

운명이란 참으로 얄궂다. 어떤 사람은 온갖 노력을 기울였는데도 실패를 맛보고, 어떤 사람은 하룻밤 사이에 커다란 행운을 맞이하기도 한다. 왜 이렇게 세상은 불공평한 것일까.

아무리 하늘의 뜻인 것을 어찌하느냐고 위로해보아도 납득이 가질 않는다. 선한 사람에게 복을 내리고 악한 사람을 징벌하는 것이 하늘의 뜻이라는데, 실제로는 너무나 무심한 처사가 아닌가. 이렇듯 선악에 대한 보답이 갈팡질팡 제멋대로라면 사람의 노력과 정성이란 허망한 것이 아니겠는가.

하지만 거꾸로 생각해보자. 운명이란 스스로 개척해 나가는 것이지, 갑작스럽게 하늘에서 떨어지는 것이 아니다. 왕발의 행운은 비록 꿈에서 비롯되었지만 그것을 믿고 실천에 옮겼기 때문에 가능했고, 또 등왕각비의 서문을 지을 수 있는 문장력이 그에게 있었던 것이다. 왕발에게는 기회도 중요했지만, 사실은 실력으로 자신의 이름을 드높인 것이다.

한편, 천복사비의 탁본을 뜨려던 선비는 일면 불운하게 보이지만 다른 측면에서 보면 그는 도저히 성공할 수 없는 사람이었다. 선비로서 자신의 학문으로 명예를 드높일 생각은 하지 않고 일확천금의 꿈으로 상인의 심부름꾼 노릇을 했으니 어찌 하늘을 원망할 수 있겠는가.

운명을 탓하는 사람은 하늘의 뜻을 거스르는 사람이다. 자신에게 무관심한 사람이다. 성공의 근본은 자신에게 있는 것이다. 어찌 하늘이나 땅의 도움을 받아 이루는 것을 운명이라 하고 원망할 수 있단 말인가.

노력하는 사람은 보전할 줄 안다. 하지만 거저 얻으려는 사람은 스스로를 지키지 못하는 것이 운명이다. 그것이 바로 하늘의 뜻이다.

나는 어디에서 왔는가

아버지 나를 낳으시고 어머니 나를 기르시니
아아, 애닯다 부모님이시여. 나를 낳아 기르느라 애쓰셨네.
그 큰 은혜를 갚으려 해도 하늘처럼 높고 높아 끝이 없네.
(孝行-1 · 『시경』)

초나라 사람 노래자는 어릴 때부터 효성이 지극해서 부모님께 드리는 음식은 반드시 좋은 것으로만 골라 올리곤 했다. 그의 나이가 일흔에 이르러서도 부모님이 생존하여 계셨는데, 노래자는 당신들께서 자식이 늙은 것을 알아차릴까 염려하여 색동옷을 입고 부모님 앞에서 아이들처럼 재롱을 피웠다.

어느 날 노래자는 음식을 가지고 부모님의 방에 들어가다 문턱에 걸려 넘어졌다. 그때 그는 어린아이처럼 주저앉아 엉엉 울었다. 이는 다 부모를 생각하는 마음에서 일부러 그런 것이었다.

한나라 사람 황향은 아홉 살 때 어머니가 돌아가시자 슬픔을 이기지 못하여 피골이 상접하게 되었다. 하지만 살아 계신 아버지에게는 슬픈 모습을 보이지 않고 정성을 다하여 봉양했다.

집안이 몹시 곤궁하게 되었을 때에도 자신은 굶을지언정 아버지에게만은 부드럽고 맛있는 음식을 올렸으며, 여름에는 아버지의 침상에서 부채질을 하여 시원하게 하고, 추운 겨울에는 아버지가 주무시기 전에 먼저 이불 속으로 들어가 체온으로 따뜻하게 했다.

예로부터 효자에 대한 이야기는 수도 없이 많이 전해진다. 이는 유교적인 세계관 속에서 어버이를 정성으로 섬기는 사람이라면 곧 국가에 헌신할 수 있는 기본 소양을 갖춘 인물로 인정되었기 때문에 사회적으로 적극 장려되었던 까닭이다.

부모의 자식 사랑하는 마음은 예나 지금이나 다름이 없는 것처럼, 오늘날에도 효도란 자식이 어버이에게 행해야 할 기본적인 예의다.

우리나라의 남자들은 "군대 가야 사람이 된다"라는 말을 종종 듣는다. 이는 가정이란 울타리 안에서 편안하게 자라던 자식이 전혀 생소한 세계로 떨어져나가 모진 고생을 겪게 되면 그동안 자신의 보호막이었던 어버이의 은혜를 뼈저리게 느끼고, 비로소 철없이 굴던 자신을 되돌아보게 되기 때문이다.

그리하여 훈련을 마치고 '어머니의 은혜'라는 노래를 합창하면서 그들은 대부분 뜨거운 눈물을 훔쳐내곤 한다. 여태까지 당연하다고 여겼던 부모님의 사랑과 관심이 사실은 뼈를 깎는 듯한 고통과 인내와 희생의 결과란 것을 몸소 체험했기 때문이다.

  우리는 종종 자신에게 있어 참으로 중요한 것을 잊곤 한다. 어버이·국가·환경·친구·동료 등등······.

  이 모든 것들은 나를 이루는 요소이며 곧 나다. 내 몸을 아끼듯이 그들을 아끼고 각자의 삶을 더불어 만들어가는 동반자란 마음을 잊지 말도록 하자. 그만큼 나란 존재는 너무나 소중한 이들과 더불어 살아가고 있는 것이므로······.

뿌린 대로 거두리라

**내가 부모님께 효도하면 자식도 나에게 효도할 것이다.
자신이 이미 효도하지 않는데 자식이 어찌 효도하겠는가.**
(孝行-5 · 태공)

진나라 사람 왕람에게는 왕상이라는 이복형이 있었다. 두 형제는 어려서부터 사이가 좋았지만 후처인 어머니 주씨는 전처의 아들인 왕상을 몹시도 미워했다.

자식들을 훈육할 때에도 어머니는 친자식인 왕람에게는 사랑으로 대했지만 왕상에게는 회초리를 들고 매우 심하게 때리곤 했다. 그때마다 왕람은 눈물을 흘리며 왕상을 변호했으므로 주씨도 어쩔 수 없이 매를 그치곤 했다.

왕람은 어머니가 왕상에게 무리한 일을 시키면 자신이 나서서 도와주곤 했다. 하지만 마음씨 좋은 왕상은 주씨가 심하게 다루면 다룰수록 더욱 효성을 다했다.

  나이가 들어 왕상이 결혼을 했어도 계모 주씨의 학대는 그치지 않았다. 그리하여 왕상의 아내까지도 모진 설움을 곱씹어야만 했다. 하지만 그때마다 또 왕람의 아내가 달려와서 위로해주었으므로 형제간의 우애는 날로 깊어져만 갔다.

  어느 겨울날이었다. 주씨는 왕상에게 생선회가 먹고 싶으니 물고기를 잡아오라고 시켰다. 그러자 왕상은 호수에 가서 얼음을 깨고 알몸으로 물에 들어가려 했다. 그런데 갑자기 얼음이 녹더니 잉어 두 마리가 튀어나왔다. 왕상은 그 잉어를 잡아 회를 떠 어머니에게 올렸다.

  또 주씨가 참새구이가 먹고 싶다고 하여 들에 나가자 참새 수십 마리가 그의 앞으로 날아왔다. 이에 마을 사람들은 왕상의 효성에 하늘이 감동한 것이라고 하면서 주씨를 비난했다.

  이렇듯 혹독한 환경 속에서도 왕상은 정성을 다하여 아들된 도리를 다했지만 악독한 계모 주씨는 똑똑한 왕상 때문에 친자식인 왕람이 출세하는 데 지장이 있을까 두려워 마침내 그를 죽이기로 마음먹었다.

  기회를 살피던 주씨는 어느 날 독이 든 술을 왕상에게 권했다. 마침 함께 있던 왕람은 어머니의 흉계를 알아차리고 형 대신 마시려 했다. 왕상 또한 동생이 죽을까봐 자신이 마시려고 술잔을 빼앗았다.

  이렇게 두 형제가 다투자 주씨는 문득 자기 아들이 걱정되어 술병을 바닥에 던져 깨어버렸다. 그후 왕람은 주씨가 왕상에게 음식을 가져다주면 독이 섞여 있을까를 의심하여 반드시 자신이 먼저 먹어보곤 했다.

  형제가 이렇듯 우애하며 어머니 모시기를 각별히 하자 마침내 주씨의 악한 마음도 차츰 누그러졌다. 세월이 흘러 천하가 전란에 휘말리게 되자 왕상은 동생과 함께 어머니를 모시고 여산으로 들어가 삼십 년을 살았고, 훗날 천자에게 불려가 높은 벼슬에 올랐다. 두 형제의 자손들은 그들의 은덕을 입어 대대로 영화를 누렸다.

현대를 일컬어 '효'가 실종된 시대라고 한다. 그것은 도시화와 유교 사상의 쇠퇴에도 이유가 있겠지만 무엇보다도 개인을 중시하는 서구적인 사회 풍조의 확산 때문이 아닐까 싶다. 하지만 최근에는 개인주의에 대한 회의를 바탕으로 전통적인 효의 미덕을 되살리려는 운동이 점차 활기를 띠고 있다.

다원화된 오늘날의 시각으로 보면 효도는 부모 자식간의 철칙은 아닐는지도 모른다. 하지만 농부가 씨앗을 뿌리고 정성을 기울여 가꾸면 그만한 수확을 얻듯이, 효도는 행한 만큼 돌려받게 되어 있다.

설령 이와 같은 구태의연한 사고가 아니더라도 늙고 병든 자신의 노년을 생각한다면 의식적으로라도 자식들에게 효도를 보여주어야만 하지 않겠는가.

일찍이 이와 같은 이치를 세인들에게 가르쳤던 태공망은, 자식이 간혹 나이 드신 조부모의 잘못을 탓할 때는, 지나치게 엄격해서는 안 되고 마땅히 온화한 말씨와 인도하는 자세로 자식을 깨우치도록 해야 하는 것이지, 가르치려는 것은 죄악이라고 단언한다.

모름지기 가정을 바로 세우려면 부모를 모시는 데 정성을 기울이고, 자식들에게 공평히 애정을 나누며, 주변 사람들에게도 친절하게 대해야만 한다. 그렇게 하면 애써 가르치지 않아도 자식들은 어버이의 행실을 따르게 되어 있는 것이다.

여기에 부모의 현명함을 어떻게 자식이 받아들이는지를 보여주는 일화가 있다.

조선시대 선비인 홍서봉의 어머니는 집이 가난하여 나물 반찬과 나물 국도 먹지 못하는 때가 많았다.

어느 날 제사가 있어 계집종을 보내 고기를 사왔는데 빛깔이 이상하여 상한 듯해 보였다. 이에 종에게 팔다 남은 고기가 얼마나 되더냐고 물으니 몇 덩이가 남아 있다고 했다.

그 말을 들은 부인은 머리에 꽂는 장식을 팔아서 그 고기를 다 사오게 한 다음 담 밑에 묻어버렸다. 이것은 다른 사람들이 그 고기를 사다 먹고 병에 걸릴 것을 걱정했기 때문이다.

이를 본 아들이 이렇게 말했다.

"우리 어머니의 마음은 신명과도 통할 수 있을 것이니 자손이 반드시 창성하겠구나."

남에게서 나를 보라

다른 사람의 선한 면을 보면
내게도 그런 선한 면이 있나 살펴보라.
다른 사람의 악한 면을 보면
내게도 그런 악한 면이 있나 살펴보라.
이렇게 해야 자신에게 보탬이 있을 것이다.

(正근-1 · 『성리서』)

후한의 광무제가 내린 조서에 '양의 머리를 걸어놓고 말고기를 팔고 있으며, 도척이 공자의 말씀을 뇌까리고 다닌다'라는 기록이 있다.
 이 말은 무슨 뜻인가? 곧 뻔뻔스럽게 거짓말을 하고 다니는 인간들을 향한 따끔한 일침이다. 여기에 재미있는 일화가 전해진다.

 춘추시대 제나라의 영공은 남자의 옷차림을 한 여자들을 좋아하는 괴상한 취향을 갖고 있었다. 그리하여 궁궐 안의 모든 여자들에게 남자 옷을 입도록 하고 함께 즐겼다.
 이런 일이 세간에 알려지자 제나라의 여자들은 앞다투어 남장을 하고 돌아다녔다. 이에 놀란 영공이 민간에 남장 금지령을 내렸지만 궁궐 안에서는 여전히 여자들에게 남장을 시키고 즐겼으므로 아무런 효과가 없었다. 그러자 영공이 화가 나서 신하들을 모아놓고 따졌다.

"어찌 백성들이 짐의 영을 듣지 않는가. 이것은 나라의 기강이 해이한 때문이 아닌가?"

이때 유명한 재상 안영이 정색을 하고 나섰다.

"전하께서 안으로는 남장을 묵인하면서 밖으로는 금하고 있으니, 곧 소 머리를 문에 걸어놓고 실은 말고기를 파는 것과 다를 게 무엇이 겠습니까?"

이 말을 들은 영공은 창피하여 얼굴을 들 수가 없었다. 그리하여 곧 궁궐에서 남장을 금하자 세간에서도 이내 남장여인들이 사라졌다.

한편, 도척은 춘추시대의 유명한 도둑이었다. 그의 형은 공자의 친구로서 백성들로부터 추앙받는 선비였지만, 도척은 그와 반대로 매우 대담무쌍한 도둑이어서 수천 명의 무리를 거느리고 천하를 돌면서 살인과 강도짓을 거리낌없이 행했다.

더군다나 그는 파렴치하기까지 해서 도둑질에도 도가 있다는 등의 궤변을 늘어놓았다. 도척은 도둑질을 계획하고 실천에 옮기는 것을 용勇이라 하고, 일을 끝낸 다음 맨 뒤에 나오는 것을 의義라고까지 했던 것이다.

그것은 당시 공자와 맹자의 가르침을 제멋대로 응용한 것이니, 그야말로 아연실색할 일이 아닐 수 없었다.

❋

"모든 사람이 나의 스승이다." 이는 누구에게나 배울 점이 있으므로 남의 장점이나 단점을 자신에게 비추어보고 반성하면 자신에게 유익한 결과를 가져올 것이라는 뜻이다.

제자백가諸子百家 중의 한 사람인 묵자는, 사람이 수양을 하는 데 있어서 가장 가깝고 가장 작은 것부터 시작하라고 권한다. 터무니없이 커다란 목표를 정하는 것보다는 단순하게 자신의 잘못된 버릇이나 습관을 고쳐나가는 것이 가장 빠른 길이라는 것이다.

남의 허물을 보면 자신의 실체를 알게 된다. 자신이 비난하는 사람의 행동이 문득 자신에게도 있다는 사실을 알게 되었을 때 그것을 고치지 않고 살아간다면 어찌 바른 정신을 가진 사람이라고 하겠는가.

"천리 길도 한 걸음부터"란 속담이 있다. 지금부터라도 누군가가 남을 헐뜯으면 내게 있던 헐뜯는 마음을 버리고, 누군가 남을 원망한다면 내 마음속에 있는 원망의 마음을 버리며, 누군가 탐내는 것이 있다면 그로써 나의 탐욕을 버리겠다고 다짐하자.

의지가 굳세지 못한 사람은 지혜롭지 못하고, 말이 미덥지 못한 사람은 과감하게 행동하지 못한다. 재물을 가지고도 베풀지 못하는 사람과 선악을 분별하지 못하는 사람은 멀리해야 할 친구다. 또 말만 앞서고 게으른 사람이나, 능력이 출중해도 교만한 사람과는 더불어 살아갈 수 없다.

명성이나 명예는 잔재주로 이루어지는 것이 아니다. 설혹 현재 높은 지위에 있다 하더라도 본성이 좁고 경박하다면 반드시 실패하고 만다. 오로지 널리 듣고 배우며 그것을 지혜롭게 실천하는 사람만이 영예로워지는 것이다.

※ 제자백가諸子百家 : 중국 선진(先秦) 시대부터 한대(漢代) 초까지의 각 학파 및 저작

벼가 익으면 고개를 숙이듯이

자신을 귀하게 여겨 남을 천대하지 말고
스스로 크다고 해서 남의 작은 것을 업신여기지 말라.
또 자신의 용맹을 믿고 적을 가볍게 여기지 말라.
(正己-3 · 태공)

조선 영조 때 경기도 장단의 오목이라는 동네에 이종성이라는 은퇴한 정승이 살고 있었다. 동네 이름을 따 '오목 이정승'이라는 별명을 가지고 있는 그는 매일 강가에서 낚시를 하면서 노후를 즐기고 있었다.

어느 여름날이었다. 그가 어린 하인을 데리고 낚시질을 하다가 시장기를 느껴 근처 주막에 방을 잡고 식사를 하고 있었는데, 마침 그 고을 신관사또의 행차가 그 주막에 몰려왔다. 주막에는 방이 하나밖에 없었기 때문에 사또는 부득불 오목 이정승이 식사를 하는 방으로 들어왔다.

신관사또가 거만하게 수염을 쓸어내리면서 아랫목에 앉다보니 문득 방구석에서 식사하는 촌로와 어린아이가 눈에 띄었다. 그런데 그들이 마주한 밥상 위를 보니 그로서는 난생 처음 보는 밥이었다. 호기심이 동한 사또가 물었다.

"여보게, 늙은이. 지금 자네가 먹는 밥이 대체 뭔가?"

"보리밥이오."

"어디 나도 한 번 먹어볼 수 있겠나?"

"그러시지요."

이렇게 해서 노인이 내민 보리밥을 한 숟가락 먹어본 사또는 오만상을 찌푸리면서 뱉어내더니 소리쳤다.

"아니, 이것이 어떻게 사람의 목구멍으로 넘어갈 음식이란 말인가?"

사또가 노발대발하자 아전들은 냉큼 주모를 시켜 쌀밥과 고깃국을 대령했다. 그러는 사이에 노인과 아이는 잠자코 밖으로 나가버렸다. 바야흐로 사또가 식사를 끝낼 무렵 이정승집 하인이 사또를 찾아왔다.

자신과 비교도 되지 않는 벼슬을 지낸 어른이 부르자 사또는 부리나케 정승집 대문간을 뛰어넘었다. 그런데 섬돌 밑에서 큰절을 한 뒤 고개를 들어보니 방금 전에 주막에서 보았던 바로 그 노인이 아닌가. 비로소 사태를 깨달은 신관사또의 얼굴이 새파래졌다.

"대감, 아까 저의 잘못을 용서해주십시오."

하지만 오목 이정승의 추상 같은 목소리가 그의 귀를 세차게 때렸다.

"그대는 전하의 교지를 받들고 부임한 관리로서 책임이 막중한데도, 교만한 위세를 떨었으니 그 죄를 묻지 않을 수 없다. 더군다나 백성들이 먹는 보리밥을 입 안에 넣었다가 뱉어버리는 행위는 도저히 목민관으로서 있을 수 없는 일이다. 그런 방자하고 사치스러운 생각으로 어찌 한 고을을 다스릴 수 있겠는가. 당장 벼슬자리를 내놓고 고향으로 돌아가라."

이렇게 해서 과거에 급제하여 청운의 뜻을 품고 장단 고을에 부임했던 신관사또는 한순간에 모든 것을 잃고 낙향하는 가련한 신세가 되었다. 자신이 귀하게 되자 겸양하지 못하고 교만함을 드러낸 결과였다.

겸양의 미덕을 강조하는 글이다.

벼가 익으면 고개를 숙이듯이 높은 자리에 있을수록 아랫사람을 겸손한 태도로 대하고, 아는 것이 많아도 드러내지 말아야 한다. 그것은 곧게 뻗은 나무가 부러지기 쉬운 것처럼, 복종하는 사람도 있지만 반대로 질시하는 무리가 생기기 때문이다.

"적이 있어야 아군도 있다"는 말도 있지만, 겸손한 자세로 자신을 낮추는 사람은 적과 아군 모두의 존경을 받게 된다.

이런 까닭에 조선시대에는 벼슬이 정3품인 당상관에 이르면 낮은 가마인 평교자를 타도록 법으로 정해두기까지 했다. 그것은 지위가 높을수록 겸손하라는 뜻이었다.

이런 겸양의 미덕은 동서고금을 막론하고 통용되는 진리다. 우리들이 위대한 사람, 성공한 사람들의 공통적인 특징을 찾을 때 드러나는 대표적인 덕목이 바로 겸양이다. 이와 관련된 클린턴 버나드의 말을 새겨보자.

진실로 위대한 사람들은 남들을 조종하는 것보다는 자기 자신을 더 많이 조종하는 것을 좋아한다. 그들은 누군가가 자신들보다 더 가치 없는 자들을 기념하여 탑을 세우겠다고 주장해도 결코 반대하지 않는다. 왜냐하면 겸손은 그들의 미덕이기 때문이다.

아인슈타인은 당대의 과학자들 중에서 가장 위대한 과학자로 알려져 있다. 하지만 그는 자신이 가르치던 대학에 속한 대부분의 사람들보다 더 겸손했다. 위대함이란 조심성을 의미한다. 그것은 떠벌리지 않는 것이다.

바른 충고의 미덕

나를 착하다고 말하면서 부추기는 사람은
곧 내게 해로운 사람이요,
나를 나쁘다고 말하면서 바로잡아주는 사람이
곧 내 스승이다.
(正己-6)

한나라 성제 때 주운이라는 유학자가 궐 안의 미관말직에서 일하고 있었다. 당시 조정에는 안창후라는 벼슬의 장우라는 사람이, 성제가 태자였을 때 스승이었던 인연으로 재상이 되어 정권을 농락하고 있었다.

천자의 총애를 등에 업은 장우가 날로 위세를 부리자 백성들의 원성이 점점 높아졌다. 그러자 이를 보다못한 주운은 목숨을 걸고 조정으로 나아가 성제에게 직언했다.

"폐하, 지금 대신들은 위로는 폐하를 바르게 보필하지 못하고, 아래로는 백성들에게 고통만을 주는 도둑들입니다. 제게 보검을 하사한다면 간신 한 사람의 목을 베어 다른 대신들에게 본보기를 보이겠습니다."

갑작스런 주운의 상소에 온 조정이 술렁거렸다. 성제도 깜짝 놀라 물었다.

"네가 목을 베겠다는 신하가 대체 누구인가?"

"안창후 장우라는 자입니다."

이 말을 들은 성제는 크게 노하여 소리쳤다.

"저런 괘씸한 놈을 보았는가. 일개 미관말직에 있는 자가 대신들을 참소하는 것도 모자라 내가 의지하고 있는 재상까지 모욕하다니. 여봐라, 당장 저자를 끌어내어 사형에 처하라."

지엄한 황제의 말이 떨어지기가 무섭게 뒷전에 도열해 있던 무관들이 달려들어 주운을 끌어냈다. 하지만 주운은 어전의 난간을 두 손으로 붙잡고 늘어져서 더욱더 큰 소리로 외쳤다.

"폐하, 지금 백성들의 원성이 하늘을 찌를 지경입니다. 이런 때에 간신배들을 참하지 않는다면 폐하께까지 화가 미치지 않는다고 어찌 장담할 수 있겠습니까? 제발 통촉해주십시오!"

그가 버티고 서서 계속 입을 열자 당황한 무관들이 그를 힘껏 잡아끌었다. 하지만 주운이 어찌나 난간을 꽉 잡고 있었던지 그 서슬에 마침내 굵은 난간이 부러지고 말았다.

성제는 이런 주운의 정성에 감복하여 사형을 취소했지만 그의 말을 실행하지는 못했다. 이미 조정에 장우의 세력이 너무 팽배했기 때문이었다. 며칠 뒤 내관들이 부러진 난간을 수리하려는 것을 본 성제는 씁쓸한 미소를 지으며 이렇게 말했다.

"새로 갈지 말고 부서진 조각들을 이어서 수리만 해놓아라. 자신을 돌보지 않고 직언한 신하의 충절을 두고두고 기억할 수 있도록 말이다."

이 일화에서 절함折檻, 즉 '난간을 부러뜨릴 정도로 간곡하게 설득한다'는 고사성어가 생겨났다.

예나 지금이나 아첨하면서 환심을 사려는 이는 많으나, 이처럼 자신을 희생하면서 충고하는 이는 드물다. 잘한다, 잘한다 하면서 상대의 칭찬만 늘어놓는 친구는 언제 변할지 모르지만, 오해를 각오하고서 진실로 상대의 잘못을 바로잡아주려 애쓰는 친구는 영원히 변치 않을 사람이다. 그리하여 조선시대의 선비인 정우복 선생은 이렇게 말했다.

> 친구 사이에 서로 착한 일을 하도록 권하는 도리는 마땅한 것이니, 만나는 사람에 따라서 그 마음을 다해야 한다. 내가 아는 것이 미치지 못하고 내 행동이 부족하다고 해서 충고하는 일을 게을리 해서는 안 된다.
> 또 친구의 말을 들을 때도 다만 그 이치의 득실을 보아서 좇거나 반대를 해야 하는 것이다. 그 사람의 어질고 어질지 않은 것을 보아 결정해서는 안 된다.

우리들이 살아가고 있는 오늘의 세태 역시 마찬가지다. 벗과 벗 사이, 사람과 사람 사이에 "좋은 약은 입에 쓰고 바른 충고는 귀에 거슬린다"는 격언이 하나도 어긋나지 않는다.

욕망을 버리면 심신이 가벼우니

군자가 경계해야 할 세 가지가 있다.
어릴 때는 혈기가 방장하니 여자를 경계하며,
장성하면 혈기가 한창 굳세니 싸움을 경계하며,
늙으면 혈기가 쇠약해지니 탐욕을 경계해야 한다.
(조기-9 · 공자)

중국 최초의 통일제국이었던 진나라의 시황이 죽은 뒤 초나라의 항우와 더불어 대륙 제패를 향해 맹렬히 경쟁하던 한나라의 유방이 운 좋게도 한발 앞서 진나라의 수도인 함양에 입성했다.

그런데 진시황이 지어놓은 아방궁에 들어간 유방의 눈이 금세 휘둥그레졌다. 보석과 비단으로 호사스럽게 장식된 방에 여태까지 본 적도 없는 경국지색傾國之色의 미인들이 가득 차 있는 것이 아닌가.

유방은 전쟁터를 떠돌며 겪었던 그간의 고생이 일순간에 보답을 받은 것만 같은 기분이었다. 이제는 자신도 대륙의 주인이었던 진시황과 같은 환락을 누릴 수 있다고 생각하니 몸이 떨려왔다. 곁에 있던 장군 번쾌가 이런 유방의 마음을 알아채고 이렇게 충고했다.

"주군, 아직 천하가 완전히 통일되지 않았습니다. 오히려 이제부터 시작입니다. 언제 항우의 군대가 함양땅에 들어올지 모르니 빨리 진을 치고 군세를 가다듬어야 하지 않겠습니까?"

하지만 이미 넋이 빠진 유방의 귀에는 이 말이 쇠귀에 경읽기였다. 유방이 산해진미를 쌓아놓고 미인들과 희희낙락하며 시간을 허송하자 이번에는 명참모 장량이 나서서 간곡하게 말했다.

"주군, 제발 정신 차리고 이 궁궐을 살펴보십시오. 모두가 백성들의 고혈을 짜내 만든 것입니다. 그동안 진나라가 하늘의 뜻을 거슬러 천하의 원한을 샀기 때문에 주군과 같은 일개 서민이 일어설 수 있었던 것입니다. 그러므로 주군께서 할 일이 무엇이겠습니까? 하루빨리 진나라의 잔당을 토벌하고 백성들을 위로해주어야 합니다.

지금 주군께서는 일찍이 포악하고 음탕했던 진나라 황제와 똑같은 꿈을 꾸시니 큰일입니다. 저로서는 공든 탑이 일시에 무너지는 듯한 느낌입니다. 제발 생각을 바꾸어 번쾌의 말대로 해주십시오."

이런 장량의 간곡한 말에 유방은 퍼뜩 정신을 차렸다. 그러곤 지체없이 궁궐을 나와 초나라 군대와 맞서기 좋은 언덕에 진을 친 다음 항우와의 일전에 대비했다.

과연 얼마 후 항우의 대군이 함양으로 몰려오더니 궁궐 근처의 홍문을 중심으로 진을 쳤다. 이리하여 양군간에 세력의 저울추가 결정되었던 유명한 '홍문의 대회전'이 벌어졌다. 그리고 이 싸움에서 유방의 한군이 방심한 초군을 이김으로써 천하제패의 거보巨步를 내디뎠다.

❋

배부른 뒤에 맛을 생각하면 맛있고 없음의 구별이 사라지고, 관계한 뒤에 욕정을 생각하면 남자와 여자의 구분이 다 끊어진다. 그러므로 항상 일 끝난 뒤의 뉘우침으로 일을 시작할 때의 어리석음을 깨뜨린다면 본성이 자리잡혀 행동에 그르침이 없을 것이다.

『채근담』에 나오는 이 말은 단지 음식과 여자에 대한 경계만이 아니다. 이는 곧 살아가면서 어떤 상황에 처하든지 간에 욕망보다는 덕행에 마음을 써야만 미래를 대비할 수 있다는 지극한 교훈이다.

아무리 애를 써서 부를 쌓은들 몸이 죽고 나면 부질없으며, 아무리 고대광실 같은 집이라도 세월이 가면 저절로 삭아 무너지게 되어 있다. 그러므로 자손에게 지혜를 물려주는 집안은 오래도록 명예롭게 유지되지만 재물을 물려주는 집안은 그 영화를 지키지 못하는 것이다.

멀리 보고 준비하는 사람이 되자. 작은 욕망에 만족하여 보다 큰 것을 잃는 우를 범해서는 안 된다. 욕망을 버리면 심신이 가볍다. 그리하여 멀리 날 수 있다.

힘든 일일수록 한 번 더 생각하라

마음을 고요하게 안정시켜 사물을 마주할 수 있다면
비록 배우지 않았더라도 덕있는 군자라고 할 수 있다.
〈正己-12〉

공자가 만년에 여러 나라를 유세遊說하며 다닐 때의 일이다. 어느 날 공자는 제자들과 함께 국경을 빠져나오다 적국의 병사들에게 쫓겨 들판에서 옴짝달싹할 수 없는 지경에 처했다. 식량도 떨어져 굶주림과 피곤으로 모두가 쓰러지기 일보직전이었다. 그러자 제자 자로가 참지 못하고 공자에게 대들었다.

"스승님, 군자도 이렇게 곤경에 빠질 수 있습니까?"

그것은 고지식한 스승 때문에 절박한 상황을 맞았다고 여긴 제자의 원망이었다. 당신은 매일같이 군자니 소인이니 하면서 고상한 말만 늘어놓고 있지만 결국은 이런 꼴이 되지 않았느냐는 야유였다.

그때 공자는 이렇게 대답했다.

"물론 군자라고 해서 궁지에 몰리지 말란 법이 없다. 하지만 그럴 때 마음을 안정시키지 못하는 것이 바로 소인배들이다."

이 말은 곧 자로에게 소인배들처럼 경거망동하지 말고 이 위기에서 벗어날 생각이나 하라는 뜻이었다.

❊

공자는 항상 군자와 소인의 마음가짐에 대해 제자들에게 일깨워주었다. 그가 소인으로 지목한 사람의 면면은 다음과 같다.

첫째, 남의 나쁜 점을 말하기 좋아하는 사람, 둘째, 남의 밑에 있으면서 윗사람을 비방하는 사람, 셋째, 용감하기만 하고 무례한 사람, 넷째, 과감하기만 하고 속이 막힌 사람이다. 그는 또 이렇게 말했다.

공연히 듣기 좋은 소리를 하고, 표정만 반가운 체하며, 지나치게 굽실대는 비굴함을 좌구명은 부끄러워했는데 나 역시 그러하며, 마음 속으로 원한을 품고 있으면서도 겉으로 친구로 대하는 것을 좌구명은 부끄러워했는데, 나 역시 그러하다.

곧 공자는 성실성이 없이 표리부동한 소인배들을 배척한다는 뜻이다. 공자는 이렇듯 옳고 그름에 대한 태도가 분명했다.

어느 날 자로가 이상적인 삶에 대하여 물었을 때 공자는 "연장자를 편안하게 모시고 친구를 믿음으로 사귀며 연소자를 다정하게 대하는 것"이라고 말했다. 이처럼 공자는 먼저 자신을 맑게 닦은 다음 남과 교류해야 한다는 기본을 잊지 않았던 것이다.

멀리서 보면 접근하기 어려운 위엄이 있다. 가까이 보면 그 인품의 따스함이 피부에 스며온다. 또 말을 잘 음미하면 그 말의 엄격함을 알게 된다.

이런 공자의 모습이야말로 소인이 범할 수 없는 군자의 풍모다. 어떤 위기에 봉착하더라도 태연자약하게 타개책을 모색하는 인간의 마음이란 실로 당당하고 멋지지 않는가.
보통 사람으로서 때때로 격동하는 마음을 누르고 바른 태도로 살아간다는 것이 얼마나 힘든 일인가. 실로 완전하지 못한 것이 사람이다. 다만 끊임없이 자신을 갈고 닦아 실수를 줄여가는 노력을 해야만 탁한 농도가 덜해지는 것이다.
욕심을 버리고 의롭게 행동하며 남에게 덕을 베풀고 남의 아픔에 함께 애달파하는 것이 군자의 본분이라면, 과연 나는 얼마나 군자에 가까운 것인가.
옛말에 이 모든 것을 지극하게 하는 사람만이 성인이라고 할 정도이니, 사람이 욕심을 버린다는 것이 얼마나 힘든 일인가를 알 수 있다. 그러므로 우리 같은 범인들은 눈앞에 놓여 있는 한 가지 일이라도 열중하는 마음가짐 외에 더할 것이 무엇 있겠는가.

나는 왜 작은 일에 분개하는가

쓸데없는 말과 급하지 않은 일은
버려두고 다스리지 말라.
〈正己-15 · 순자〉

후한 말기 때의 이야기다. 탁주성 근교에 있는 도장이라는 지방에서 대대로 살아온 장비라는 사람이 있었다. 그는 정육점에서 일을 했지만 힘이 장사인데다 자신과 비슷한 호걸들과 경쟁하기를 좋아했다.

그래서 장비는 가게 앞의 낡은 우물 속에 돼지 뒷다리를 넣어두고 그 뚜껑 위에 천근이나 되는 바위를 올려놓은 뒤 글을 써서 붙여놓았다.

'이 덮개를 열고 고기를 가져가는 사람에게는 돈을 받지 않겠다.'

하지만 성내의 힘깨나 쓴다는 장사들도 그 바위를 들지 못했다. 때문에 장비는 내심 자신을 이길 사람이 천하에 아무도 없다고 생각하면서 흐뭇해했다.

그러던 어느 날 장비가 가게를 비운 사이에 불그레한 얼굴에 긴 수염이 달린 사내가 수레를 끌고 지나가다 그 글을 읽어보더니 금방 바위를 들어던진 다음 고기를 꺼내들고 유유히 성 안으로 사라져버렸다.

사람들에게서 그 이야기를 전해들은 장비는 급히 그 사람의 뒤를 쫓아갔다. 성 안의 시장을 뒤져보니 과연 수염이 긴 한 남자가 녹두를 팔고 있었다.

승부욕이 생긴 장비는 다가가서 그가 팔고 있는 녹두를 손에 쥐고 부수어 가루로 만들어 보였다. 갑작스런 시비에 녹두장수도 화가 났다. 그리하여 두 사람은 말다툼을 벌이다가 치고받는 육탄전에 이르렀다. 하지만 둘 다 천근의 바위를 들어올리는 장사들인지라 쉽게 결말이 나지 않았다.

그때였다. 몸집은 그리 크지 않지만 단정한 용모에 양쪽 귀가 어깨까지 늘어진 짚신장수가 나타나 두 사람의 팔을 붙잡고 말리며 이렇게 말했다.

"사나이는 무릇 나라를 위해 힘을 써야만 하는 법이오. 어찌하여 당신들은 이렇듯 작은 일에 분개하시오?"

이 말에 두 사람은 깜짝 놀라 서로를 움켜쥐었던 손을 떼었다. 주위에 서서 재미있다는 듯 싸움을 구경하던 사람들도 짚신장수의 말을 듣고 일제히 갈채를 보냈다.

이렇게 만난 세 사람이 바로 도원결의桃園結義로 의형제를 맺은, 삼국시대의 제갈공명과 더불어 촉나라를 세운 유비와 관우, 장비였다.

세 사람은 싸움과 중재로 알게 되었기 때문에 아직도 탁주 지방에는 "한 마리 용이 두 마리의 호랑이를 갈라놓다"라는 고사가 전하고 있다.

※

'주택가의 골목에서 두 아낙네가 싸우고 있다. 그들은 처음에는 집 앞의 주차 문제로 실랑이를 벌이게 되었다. 하지만 말다툼이 심해지자 싸움은 상대에 대한 인신공격으로 이어지고, 곧 상대편의 가족에 대한 비난으로 번졌다. 그리고 싸움은 금방 몰려나온 두 가족 간의 전쟁으로 비화했다. 마침내 흥분한 한쪽 집의 아들이 흉기를 휘둘러 상대편 가족들을 해치고 경찰에 체포되었다.'

이런 사건은 요즘 너무나 빈번하게 일어나는 일이라 뉴스거리도 되지 않는다. 조용히 대화로 풀 수 있는 사소한 문제가 침소봉대針小棒大되어 두 집안에 씻을 수 없는 상처로 남게 되는, 그야말로 웃을 수도 없는 해프닝이다.

사람들은 왜 이처럼 자신들의 마음을 제어하지 못하는 것일까?

그것은 용기와 만용을 구분하지 못하기 때문이다. 진정한 용기는 순자의 가르침대로 쓸데없는 말을 삭이고, 급하지 않은 일에 나서지 않는 것이다.

그 반대는 만용이다. 호미로 막을 것을 가래로 막고, 닭을 잡는 데 소 잡는 칼을 쓰는 것을 어찌 용기라고 하겠는가. 무슨 일에 닥쳐 목소리만 크면 이긴다는 억지춘향은 그야말로 만용을 넘어선 크나큰 해악이 아닐 수 없다.

분별이란 어줍잖은 자존심에 얽매이지 않고 광명정대함으로 목표를 향해 나아가는 사람만이 성취할 수 있다. 일찍이 정의로운 뜻을 바탕으로 강대한 조조와 부유한 손권에 맞서 인의의 촉나라를 구현했던 유비·관우·장비·제갈공명 등의 예가 바로 그것이 아니겠는가.

모든 일에는 절도가 있다

술에 취해도 주절주절 말을 늘어놓지 않는
사람은 참다운 군자다.
재물에 대하여 태도가 분명한 사람은 대장부다.
〈正己-17〉

술에는 달고 쓰며 신맛이 있다. 너무 뜨겁게 데워 마시면 곧 독이 된다. 약으로 사용하면 백 가지 해로운 것을 죽이며, 악한 기운을 없애고 혈액 순환을 좋게 한다.

또한 위와 장을 튼튼히 하고 피부를 곱게 하며 근심 걱정을 없애준다. 그러므로 조금만 마시면 아주 훌륭한 음식이다. 그러나 지나치게 마시면 정신을 해치고, 수명이 줄며, 사람의 성질을 바꾸어버리는 등 그 피해가 실로 막심하다.

도가 지나치게 술을 마시면 생명 자체가 해를 입는다. 그러므로 술은 적당히 마셔야 한다. 만일 많이 마셨다고 생각되면 재빨리 토해버려야 한다. 그러지 않으면 천식을 일으킨다.

또한 비틀거릴 만큼 술에 취해서는 안 된다. 평생 동안 여러 가지 병에 시달리기 때문이다. 술을 오랜 시간 동안 마시지 말라. 위와 장이 헐고, 골수에 병이 들며, 근육의 긴장이 풀어질 우려가 있다.

술에 대하여 경계하는 『식경食經』의 일절이다. 술이란 적당히 마시면 몸에 좋으나, 그 유혹에 이끌려 한계를 넘어서면 독이 되고, 폭음을 하거나 오랫동안 마시는 것은 자칫하면 정신을 잃거나 생명에 지장을 줄 수도 있다는 말이다.

술은 또 정다운 친구와의 대화에서도 자칫 경계를 넘어 상대방의 원한을 사기 쉽다. 역사를 돌이켜보면 술로 인하여 한 나라가 망하고 한 집안이 멸문滅門의 화를 당한 경우가 한둘이 아니었다. 오죽했으면 이렇게 술을 저주하는 사람들이 나왔겠는가.

술은 평화와 질서의 적이요, 부인의 공포요, 귀여운 어린이의 얼굴에 낀 구름이요, 언제나 무덤을 파는 자이며, 어머니의 머리를 세게 하는 자요, 슬픔으로 무덤에 가게 하는 자다. 술은 아내의 사랑을 실망시키고, 어린이들의 웃음을 빼앗는다. 가정에서 음악을 없애고 슬픔으로 가득 차게 만드는 것, 그것이 바로 술이다.

술은 이런 역기능도 있지만 좋은 친구를 만들어주고, 인생을 즐겁게 해주며, 기쁨을 배가시켜주는 순기능도 있다. 칼을 잘 쓰면 맛있는 요리를 만드는 도구가 되지만 잘못 쓰면 살인의 도구가 되는 것처럼, 술의 문제는 역시 어떻게 질과 양을 조절하느냐인 것이다. 자신을 잃어버리지 않을 정도로 절제하면서 즐긴다면 술이란 분명 향기로운 인생의 동반자일 것이다.

재물 역시 술과 같다. 맺고 끊음이 분명해야만 한다. 재물이란 근본적으로 노동의 산물이므로 결코 가볍게 여겨서는 안 된다.

그러나 과유불급過猶不及, 술이든 돈이든 간에 넘치는 것보다는 조금 모자란 것이 낫다. 자고로 모든 일에는 한도가 있다는 것을 마음 깊이 새기도록 하자.

의심받을 일은 처음부터 하지 말라

다른 사람의 오이밭에서 신발을 고쳐 신지 말고,
오얏나무 아래서 갓을 고쳐 쓰지 말라.
(정근-21 · 태공)

제나라의 위왕은 즉위한 지 몇 년이 흐르도록 정사를 재상 주파호에게 맡겨놓고 있었다. 이런 왕의 신임을 바탕으로 국사를 주파호가 좌지우지하는 동안 국력이 차츰 쇠퇴해가고 있었지만 왕은 그것을 미처 깨닫지 못했다.

당시 위왕에게는 우희라는 후궁이 있었는데, 기울어져가는 나라 살림을 걱정한 나머지 어느 날 왕에게 이렇게 충고했다.

"전하, 재상 주파호는 간신입니다. 부디 그를 내치시고 북곽 선생 같은 현인을 등용하여 나라를 부강하게 만드십시오."

하지만 우희의 말을 후궁의 투정쯤으로 흘려들은 주왕은 주파호를

추호도 의심하지 않았다. 한편, 궁내에 풀어놓은 첩자들로부터 이야기를 전해들은 주파호는 이를 갈면서 우희에게 복수할 기회를 노렸다.

그로부터 몇 달이 지난 후 주파호는 우희가 북곽 선생과 정을 통해 왔다고 위왕에게 참소를 했다. 사랑하는 우희가 자신을 배신했다는 말에 화가 난 위왕은 전후 사정을 돌아보지 않고 우희를 하옥시켰다.

하지만 위왕은 우둔한 인물이 아니었다. 그는 측근을 시켜 사건의 전말을 상세하게 조사하여 보고하라고 명령했던 것이다. 이때 주파호는 그 신하를 매수하여 보고서를 날조하도록 했다.

그런데 보고서를 읽어본 위왕은 그 내용에 적이 의심이 들었다. 그리하여 자신이 직접 우희를 심문하기로 했다. 어전에 끌려나온 우희는 눈물을 삼키며 이렇게 말했다.

"제가 일편단심으로 전하를 모신 지 어언 10년이 되었습니다. 한데 오늘 어이없이 간신의 모함에 빠져 누추한 모습으로 전하를 뵙게 되었습니다. 제가 북곽 선생과 아무런 일도 없었다는 점은 푸른 하늘에 대해 맹세할 수 있지만, 제게도 두 가지의 죄가 있습니다.

첫째는, 옛말에 '오이밭에서 신을 고쳐 신지 말고, 오얏나무 아래서 갓을 고쳐 쓰지 말라' 고 했는데 그만 주변에 의심을 사고 만 것입니다.

둘째는, 그동안 옥에 갇혀 있는데도 누구 한 사람 나서서 저를 변호해주지 않았습니다. 이것은 제가 그동안 덕이 없었다는 증거이니 전하께서 제게 죽음의 형벌을 내리신다 해도 어쩔 수 없는 일입니다. 하지만 전하, 저는 지금도 주파호와 같은 간신을 쫓아내야만 나라가 바로 선다는 소신에는 변함이 없습니다."

이 말을 듣고 비로소 그녀의 진심을 알아차린 위왕은 당장 사건을 면밀히 재조사한 후 간신 주파소와 그를 따르는 무리들을 처단해버렸다.

　오이밭에서 신발을 고쳐 신는다든지 오얏나무 아래서 갓을 고쳐 쓰게 되면 남들에게 자칫 오이나 오얏을 따려는 몸짓으로 오해받을 수 있다. 그러므로 공연히 의심받을 행동은 처음부터 하지 말라는 뜻이다.
　종종 작은 인연 때문에 무리하게 원칙을 어기는 사람들이 있다. 그 무분별한 수단은 아무리 그 의도가 좋더라도 오해를 피할 길이 없다. 그러므로 상대를 위해 희생할 각오가 없다면 원칙에 충실하는 것이 좋다.
　인연이란 선한 관계뿐만 아니라 정의로움에도 그 매듭이 지어져 있다. 정의롭지 못한 인연의 끝은 언제나 좋지 않게 끝나는 것이 순리다.
　때문에 분별력이 있는 사람이라면 사적인 관계는 사적으로 풀지, 공적인 일과는 절대로 연관시키지 않는다. 애초부터 외부의 의심을 살 행동은 하지 않는 것이다.
　만일 사사로운 관계를 미끼로 사회적으로나 도덕적으로 감당할 수 없는 무리한 요구를 하는 사람이 있다면 그런 사람과는 깨끗이 인연을 끊는 편이 낫다. 그것은 인연이 아니라 차라리 악연이기 때문이다.
　술에 술 탄 듯 물에 물 탄 듯한 행동은 나뿐만 아니라 주변 사람에게도 부지불식간에 피해를 준다. 그러므로 가까운 사이일수록 매듭을 분명하게 맺어야만 한다.
　스스로 떳떳하면 두려울 것이 없다지만 아예 처음부터 의심받을 행동을 하지 않으면 그 떳떳함을 드러낼 일조차 생기지 않을 것이다.

말이란 실천함으로써 빛이 난다

기쁨과 분노는 마음속에 있고,
말은 입 밖으로 나가는 것이니
모름지기 말조심을 해야 한다.
(정근-24 · 채백개)

진나라의 범헌자가 황하에서 나라 안의 모든 대부들을 다 모아놓고 풍류를 즐길 때의 일이다. 술잔이 몇 순배 돌아가자 범헌자가 사람들에게 물었다.
 "이 중에 혹시 난씨의 자식을 알고 있는 사람이 있는가?"
 갑작스런 질문에 대부들은 아무도 대답하지 못했다. 그런데 돌연 노를 젓고 있던 뱃사공 청연이 범헌자에게 되물었다.
 "어찌하여 난씨의 자식을 찾으십니까?"
 "점쟁이가 나에게 말하기를 난씨로 인하여 망한다고 했다. 그 때문에 묻는 것이다."

그러자 청연은 정색을 하고 되받았다.

"폐하께서 진나라를 잘 다스려 선정善政을 베푼다면, 안으로는 진나라 대부들의 마음을 얻고, 밖으로는 만백성의 마음을 잃지 않을 것이니 비록 난씨의 자식일지라도 감히 폐하를 넘보지 못할 것입니다. 하지만 폐하께서 국정을 돌보지 않고 정치를 외면한다면 안으로는 대부들의 마음을 잃고 밖으로는 만백성의 마음을 잃을 것이니, 이렇게 되면 어찌 이 배 안에 있는 사람들 모두 난씨의 자식이 되지 않겠습니까?"

이 말을 들은 범헌자가 고개를 끄덕였다. 다음날 조회를 시작하자 그는 궐안으로 청연을 불러 밭 일만 묘를 하사하면서 말했다.

"이것으로 어제 그대에게 들은 보배로운 말과 바꾼다. 그대는 잃은 것이 있으나 나는 얻었다."

우화로 유명한 이솝은 "세상에서 가장 천한 것이 사람의 혀요, 또한 가장 귀한 것이 사람의 혀"라고 했다. 그것은 사람의 세 치 혀에서 온갖 선한 말과 악한 말이 더불어 나오기 때문이다.

동양의 격언으로 이를 풀어보면, "말 한마디로 천냥 빚을 갚는다"이다. 하지만 "말만 앞세우고 실행하지 않는 사람은 잡초가 가득 찬 정원과도 같다"라는 말처럼, 실로 말이란 실천함으로써 빛이 나는 것이다.

옛날에 한 대신이 있었는데, 그는 아는 사람을 만나면 언제나 "우리

가까운 사이니 언제 같이 식사나 하세"라고 말했다. 하지만 그는 말만 그랬을 뿐, 약속을 지킨 적이 한 번도 없었다. 그래서 사람들은 그가 지나가면 '가까운 사이에 식사 대신'이라며 조롱했다.

"사람의 마음은 감동했을 때 비로소 말을 통해 밖으로 드러나는 것이다. 깊은 생각 없이 함부로 말을 하지 않도록 하면 속마음이 정돈되고 그 뜻이 한 가지로 집중하게 된다"라는 말이 있다.

정녕 말이란 내뱉기는 쉬워도 실행하기는 어렵다. 그러므로 한마디 말이라도 조심스럽게 음미해본 다음 밖으로 내보내라. 말조심한다는 것은 자신의 인격 도야에도 조심스럽다는 증거일 것이다.

한편, 지나치게 번거롭고 복잡한 말은 일관된 줄거리를 잃어버리게 되어 지루하다. 또 자기 멋대로 말을 하면 상대방도 마음에 거슬리는 말을 하게 된다. 말을 할 때는 이런 이치에 어긋나지 않도록 해야 한다.

정성껏 마음을 깨우치는 글

자허원군의 「성유심문」

복은 맑고 검소한 데서 생기고 덕은 자신을 낮추고 겸손한 데서 생긴다.
도는 편안하고 고요한 데서 생기고 생명은 화창한 데서 생긴다.
근심은 욕심이 많은 데서 생기고 화는 탐욕이 많은 데서 생긴다.
허물은 경솔하고 교만한 데서 생기고 죄는 어질지 못한 데서 생긴다.
눈이 다른 사람의 그릇됨을 보지 않도록 경계하고 입이 다른 사람의 단점을 말하지 않도록 경계하라.
마음이 탐내고 화내지 않도록 경계하고 몸이 나쁜 친구를 따르지 않도록 경계하라.
유익하지 않은 말을 함부로 하지 말고 나와 관계 없는 일을 함부로 하지 말라.
임금을 높이고 부모님께 효도하며 웃어른을 공경하고 덕있는 사람을 받들며 지혜로운 사람과 어리석은 사람을 분별하고 무식한 자를 너그러이 대하라.
사물이 순리대로 오면 물리치지 말고 이미 지나가버렸으면 뒤쫓지 말라.
몸이 좋은 때를 만나지 못했으면 바라지 말고, 일이 이미 지나갔으면 다시 생각하지 말라.
총명한 사람도 어리석을 때가 많고 잘 짜여진 계획이라도 좋지 않을 때도 있다.
다른 사람에게 손해를 입히면 결국 자신도 손해를 입고 세력을 따르면 화가 잇달아 온다.
마음을 경계하고 기운을 지켜라. 절약하지 않으면 집안이 망하고 청렴하지 않으면 지위를 잃는다.
그대에게 권고하니 평생토록 경계하며 감탄하고, 놀라워하고 두려워하라.
위로는 하늘의 거울이 굽어보고 아래로는 땅의 신령이 살피고 있다.
밝은 곳에는 세 가지 법이 서로 이어 있고 어두운 곳에는 귀신이 서로 잇따른다. 곧 음을 굳게 지키고 마음을 속이지 말라.
경계하고 또 경계하라.

(正己-26)

인생을 낭비하는 헛된 욕망

만족할 줄 알면 즐겁고,
탐욕에 힘쓰면 근심스럽다.
(安分-1 · 『경행록』)

고대 중국의 궁중에는 오로지 단 한 사람의 남자인 황제의 부름을 오매불망 기다리며 늙어가는 후궁들로 가득했다. 그러므로 후궁들의 행·불행은 오로지 황제 한 사람의 의지에 의해 좌우되었다.

개중에는 운이 좋아 아들을 낳고 황태후로서 무소불위無所不爲의 권력을 쥔 후궁들도 있지만 대부분은 사랑 한 번 받아보지 못한 채 한많은 인생을 접고 만다. 때문에 후궁들은 천자의 눈에 띄기 위해 자기들끼리 온갖 암투를 벌였는데, 그런 와중에서도 후세에 아름다운 이름이 전하는 후궁들이 종종 있었다.

한나라 성제 때 반첩여란 후궁은 황실 근위대장 반황의 딸이었는데, 어느 날 황제가 뒤뜰에서 유희를 즐기다가 그녀의 미모에 반하여 자신의 수레에 오르라고 명했다. 이것은 후궁으로서는 더할 나위 없는 행운이었다. 하지만 반첩여는 극구 사양하면서 황제에게 이렇게 말했다.

"옛 글을 보면 현명하다거나 성스럽다고 일컬어지는 군주의 곁에는 항상 충성스런 신하가 있었습니다. 하지만 하·은·주나라가 멸망할 때를 보면 군주 곁에는 항상 성총을 흐리는 아름다운 여자가 있었습니다. 이제 제가 폐하와 함께 수레에 오른다면 어찌 후자와 같다고 하지 않겠습니까?"

이 말에 황제는 감동하여 그녀를 가까이에 두고 사랑했다. 이때 황제의 총애를 한몸에 받던 후궁 조비연이 반첩여에게 황제의 사랑을 빼앗길까 두려워 모략을 꾸몄다.

그리하여 조비연은 황제를 만난 자리에서 황후와 반첩여가 함께 굿을 하면서 자신을 저주하고 폐하를 욕되게 하고 있다고 중상했다. 그 말을 듣고 황제가 직접 반첩여를 심문하자 그녀는 당당한 태도로 이렇게 말했다.

"폐하, 제가 죽고 사는 것은 운명이고 부귀영화도 하늘의 뜻입니다. 옳은 일을 하고 복을 받지 못하는 경우도 많은데, 하물며 나쁜 짓을 했다면 제 어찌 살기를 바라겠습니까? 하지만 소첩의 말을 들어주십시오. 만일 귀신에게 지각이 있다면 신하의 도리에 어긋난 호소를 받아들이지 않을 것이며, 그렇지 않다면 제아무리 귀신에게 호소한들 무슨 소용이 있겠습니까? 그러므로 저는 허황된 굿 따위는 결코 행하지 않습니다."

이 말을 들은 황제는 이 사건이 조비연의 모략이라는 것을 알아챘다. 마침내 황제는 당당하게 자신의 소신을 밝힌 반첩여에게 황금 백 근을 하사하고 더욱더 사랑했다.

❋

　『전한서』에 실려 있는 일화다.
　사람은 항상 욕망을 누르고 절제해야만 자신을 지킬 수 있다. 반첩여는 자신에게 다가온 행운조차 조심스럽게 지켜볼 줄 아는 현명한 여인이었다. 따라서 뜻하지 않은 위험을 당했어도 당당하게 빠져나올 수 있었던 것이다. 우리는 언제나 바르고 선한 생각을 하면서 살지 못한다. 자신도 모르게 불쑥 욕심이 생길 때가 있는 법이다. 하지만 이런 분별의 순간에 고개를 젓고 정도正道를 지키는 것이 중요하다.
　본래의 나로 돌아온다는 것, 그것이 바로 전화위복의 비결이다. 이와 같은 단순한 진리를 소홀히 여기는 이가 있다면, 그는 진실로 자신을 지키지 못하는 사람이라고 할 수 있다. 그런 의미에서 다음의 경구를 새겨보도록 하자.

　　생각이 일 때에 조금이라도 욕망의 길로 향함을 깨닫거든, 곧 이끌어 도리의 길로 오도록 하라. 생각이 일자마자 곧 깨닫고, 깨닫자마자 곧 돌려야 한다.
　　이것이 곧 재앙을 돌려 복으로 만들고 죽음에서 일어나 삶으로 돌아오게 하는 기로이니 참으로 안이하게 방심하지 말라.

원인 없는 결과란 없다

가득 차면 덜어내게 마련이고,
겸손하면 이익을 받게 마련이다.
(安分-5 · 『서경』)

조선 말기, 대대로 한양의 이름난 부자였던 오천 이씨 가문은 가세가 기울자 남양 홍씨 가문에 종가집을 팔게 되었다. 그 집은 아흔아홉 칸의 고대광실이었지만 이제는 낡아서 수리를 하지 않으면 사람이 살 수 없을 지경이었다.

때문에 집을 산 홍씨는 입주하기 전에 기울어진 기둥을 바로 세우고 지붕을 새 기와로 덮는 등 대대적인 보수공사를 시작했다. 그런데 대청 기둥을 바로 세우려고 땅을 파는 도중에 은덩이 3천 개를 발견했다.

이것은 분명 이씨의 선조가 후손들을 생각하여 감추어둔 것이었다.

홍씨가 이것을 주인에게 돌려주려 하자 이씨는 사양하며 말했다.

"그것이 아무리 우리 선조께서 묻어놓은 것이라 해도 증명할 문서조차 없고, 이미 집을 당신에게 팔았으니 제 물건이 아닙니다."

그러자 홍씨 역시 완강하게 말했다.

"나는 집을 산 것이지, 이씨 가문의 유산까지 산 것은 아닙니다. 당신의 선조께서 오늘과 같이 어려운 후손들의 앞날을 내다보고 예비하신 것이니 어서 가져가십시오."

이렇게 두 사람이 양보하니, 마침내 이 일이 관을 통하여 조정에까지 알려지고 임금의 귀에까지 들어갔다.

"내 백성들 중에 이처럼 어진 사람이 있었구나. 누가 일러 요즘 사람들이 옛사람 같지 않다고 했는가?"

임금은 이렇게 칭찬하면서 은을 반으로 나누어 공평히 갖도록 하고 두 사람에게 벼슬을 내렸다.

『추재집秋齋集』의 「추재기이秋齋紀異」편에 실려 있는 일화로, 겸손하고 밝은 마음자세를 유지하면 원하지 않아도 복을 받는다는 교훈이 담겨 있다.

분수에 넘치지 않도록 자신을 반성하면서 살아가는 것은 그리 쉽지 않은 일이다. 나를 비추는 거울은 나를 바라보는 타인들의 태도임을 깨달으며 늘 겸허한 자세를 견지해야만 한다.

누군가가 내게 불손하게 대할 때에는 자신의 태도에 문제가 없는지를 돌이켜보라. 또 남을 다스리는 데 매끄럽지 못하다면 자신의 덕이 부족함을 반성할 것이다. 남에게 예의로 대했지만 그에 대한 답례가 없으면 자신의 예의를 돌이켜보아야 한다.

  자신의 행동에 대한 보답을 기대했으나 그 기대 밖의 결과가 나왔다면 처음부터 무엇이 잘못되었는지를 스스로 검색해보아야 한다. 진실로 자기 자신이 올바르다면 돌아오는 것이 어찌 없겠는가.

  모든 결과에는 원인이 도사리고 있다. 그리고 그 원인이란 반드시 자신에게서 나온다. 내가 남에게 아무리 정성과 선의로 대했더라도 받아들이는 입장은 모욕을 당했다고 오해하는 경우도 있을 것이며, 여러 가지 주변 여건을 종합하여 자신의 선의를 악의로 받아들이고 분개하는 사람도 있을 것이다. 또한 스스로에 대한 모멸감을 갖고 적대시하는 사람도 있다.

  물론 이렇듯 상대방의 선의를 받아들이지 않는 사람과의 관계는 단숨에 끊을 수도 있다. 하지만 우선 자신의 처신에 문제가 없었는지를 살피는 것이 현명한 사람의 덕성일 것이다.

언젠가를 위해 준비하라

자신이 그 지위에 있지 않으면
그곳의 일은 간섭하지 않는다.
(安分-7 · 공자)

　장수는 나라를 보좌하는 버팀목이다. 그 보좌함이 주도면밀하면 나라는 반드시 강성해지며, 거기에 틈이 있으면 나라는 반드시 쇠약해진다. 그러므로 군주가 장수를 믿지 못하고 지휘권을 간섭하여 해를 끼치는 경우는 다음의 세 가지가 있다.
　첫째, 군대가 나갈 수 없는 상황인데도 전진 명령을 내리거나 후퇴해서는 안 되는 상황인데도 후퇴 명령을 내리는 경우다. 이러한 군을 재갈 물려진 군대라고 한다.
　둘째, 군주가 전체 군대 내부의 사정을 모르면서 현지 군대의 인사와 행정에 간섭하는 경우다. 이렇게 되면 병사들이 당황하게 된다.

셋째, 군주가 전쟁의 전략과 전술을 모르면서 지휘를 간섭하는 경우다. 이렇게 되면 전체 병사들이 자신감을 잃고 의심을 품게 된다.

이렇게 전체 군대에 갈팡질팡하고 의심이 퍼지면 적국이 그 빈틈을 노리고 쳐들어오게 된다. 이것은 난군인승亂君引勝, 곧 스스로 아군을 혼란시켜 적이 승리하도록 이끌어주는 것이다.

공자는 일찍이 여러 나라를 돌아다니며 자신의 사상을 정치에 담으려 했지만 약육강식의 논리가 판을 치던 춘추시대에 그의 고상한 철학은 아무런 효과를 거둘 수 없었다.

그럴 때마다 공자는 미련없이 그 나라를 떠났다. 곧 자신의 지위로서 할 수 없는 것이라면 할 수 있게 될 언젠가를 위해 준비하는 편이 낫다는 것을 잘 알고 있었기 때문이다.

앞의 글은 『손자병법』의 「모공謀攻」편에 나오는 말로, 무슨 일을 도모하는 사람이라면 자신의 지위에 해당하는 일에 최선을 다하면 되는 것이지, 잘 알지도 못하면서 월권을 하여 질서를 어지럽히게 되면 실패하고 만다는 뜻이다.

이런 일은 고대의 군사 작전에만 해당되는 것이 아니다. 오늘날에도 사람들은 사회 생활을 하면서 의도적이든 아니든 상대방의 권리를 침해하는 경우가 수없이 많다. 항상 조심해야 되겠지만, 이미 벌어진 일이라면 마무리를 명쾌하게 지어야만 한다.

이럴 때는 상대로부터 오해를 사지 않도록 재빨리 찾아가 사과를 해야만 뒤탈이 생기지 않는다. 미적미적 미루다가 그런 기회를 놓쳐 버리게 되면 두 사람 사이에 보이지 않는 벽이 생기고 어떤 경우에는 원한에까지 이르는 수도 있다.

자신의 위치에서 발전적인 모색을 하는 것은 좋다. 하지만 명확한 단계를 거치지 않으면 오히려 주변의 오해를 사기 십상이다. 그런 불화는 종종 조직의 균형을 해치고 자신의 입지가 흔들리는 지경에까지 이르게 된다.

열린 마음으로 세상을 바라보면…

아무리 어리석은 사람도 남의 잘못을 탓할 때는 밝고,
아무리 총명한 사람도
자신의 잘못을 용서하는 데는 어둡다.
너희들은 마땅히 남을 탓하는 마음으로 자신을 꾸짖고
자기를 용서하는 마음으로 남을 용서한다면
성현의 경지에 이르지 못할까 걱정할 필요가 없다.

(存心-3 · 범충선공)

제나라 경공은 사냥을 몹시 좋아하여 촉추라는 신하로 하여금 사냥터의 짐승들을 관리하도록 했다.

어느 날 촉추의 실수로 짐승들이 몽땅 사냥터에서 도망쳐버렸다. 경공은 몹시 화를 내면서 촉추를 옥에 가두고 장차 그의 목을 베려고 했다. 이 일을 전해들은 재상 안영이 급히 경공을 찾아가 말했다.

"전하, 촉추는 실로 죽어 마땅한 죄를 지었습니다. 제가 보기에 그는 세 가지 큰 죄를 저질렀는데, 이제 그를 끌어내어 조목조목 그 죄업을 열거할 테니 전하께서 맞다고 생각하신다면 가차없이 목을 베십시오. 촉추 또한 제 말을 들으면 자신이 왜 죽어야 하는지를 알고 억

울해하지 않을 것입니다."

이 말에 기분이 좋아진 경공이 안영의 심문을 허락했다. 촉추가 형리들에게 이끌려나오자 안영은 추상 같은 목소리로 말했다.

"촉추여, 듣거라. 너는 세 가지 커다란 죄를 저질렀다. 첫째, 임금의 사냥터 관리를 게을리 하여 짐승들을 잃어버린 것이요, 둘째, 임금으로 하여금 보잘것없는 짐승 때문에 사람을 죽이도록 한 죄요, 셋째, 제후들로 하여금 이 일로 인하여 우리 임금은 사람보다 짐승을 더 소중하게 여긴다는 오해를 하도록 만든 죄다.

이와 같은 죄상은 우리나라 백성들이 한마음으로 섬기는 임금을 나락으로 떨어뜨린 것이니, 어찌 하늘의 용서를 바라겠는가? 이제 네가 스스로의 죄를 알았으니 누구를 원망하겠느냐!"

말이 끝나기가 무섭게 안영은 형리들에게 촉추의 목을 베라고 명령했다. 그때 곁에서 잠자코 안영의 이야기를 듣고 있던 경공이 별안간 큰 소리로 처형을 말렸다.

"멈추어라. 내가 깨달았다."

그러고는 안영을 향하여 말했다.

"내가 잘못했소. 촉추에게는 아무런 죄가 없으니 그만 풀어주도록 하시오."

살아가면서 누군가를 용서하기란 쉽지 않은 일이다. 하지만 거꾸로 자신의 용서를 구하는 일도 쉽지 않다. 우리 모두는 스스로의 잘못이 무엇인지 아리송할 때가 많기 때문이다.

그 경계를 깨닫는다는 것부터가 참으로 어렵다. 하지만 시도의 방법은 알고 있다. 역지사지易地思之, 곧 상대편의 입장에서 판단해보는 것이다. 하지만 여기에도 허점은 있다. 사람은 감정의 동물이기 때문에 자신 외에는 보이지 않는 것이다.

흔히 바둑판에서 묘수는 훈수꾼들이 더 잘 본다는 말이 있다. 내가 도저히 상대편의 입장이 될 수 없다면 훈수꾼이 되어보도록 하자. 곧 제3자의 눈, 객관자가 되어보라는 말이다.

현명한 재상 안영은 잘못된 최고권력자의 판단에 맞서지 않았다. 그렇다고 해서 죄지은 촉추를 변호하지도 않았다. 하지만 그는 경공에게 또 다른 생각이 있음을 깨우쳐주었던 것이다. 실로 생각이 사람을 바꾼다는 말은 이런 것이 아니겠는가.

우물 안에서 하늘을 바라보면 몇 개의 별만을 우러를 수 있다. 반대로 높은 언덕 위에 올라가 하늘을 바라보면 무수한 별들을 발견할 수 있다. 이기적인 마음과 열린 마음의 차이는 이렇듯 단순하다.

속담에 "아무리 현명한 사람도 자기 자식이 잘못하는 것은 알지 못한다"라는 말이 있다. 이것은 분명 지혜가 모자란 것이 아니라 떨쳐내지 못한 이기심 때문이다.

이로써 우리가 살아가면서 귀천을 논하고 선악을 판단하려면 무엇을 버리고 무엇을 취해야 하는가는 실로 자명하다.

어둠을 밝히는 촛불처럼

총명하고 지혜롭더라도 어리석음으로 지켜야 하고,
공적이 천하를 덮더라도 겸양으로 지켜야 한다.
용감함이 세상에 떨쳤어도 겁내는 마음으로 지켜야 하고,
세상을 다 가질 만큼 부유하더라도 겸손으로 지켜야 한다.
〈存心-4 · 공자〉

삼국시대 말기, 조조의 장남인 조비는 동생 조식을 몹시 미워했다. 어렸을 때부터 조식은 매우 총명하여 자신과 비교되었을 뿐만 아니라 선한 행동거지로 뭇 사람들의 신망을 한몸에 받고 있었던 까닭이었다.

두 사람은 일찍부터 조조의 후계자 자리를 놓고 경쟁을 벌였는데, 조조는 결국 착하고 문재文才가 뛰어난 조식보다는 자신과 비슷한 성격의 조비를 선택했다. 하지만 조비는 아버지의 뜻한 바를 모르고 아버지에게 지목받기 위해 숱한 나날을 가슴 졸이며 지내왔다.

마침내 조조가 세상을 떠난 뒤 왕위에 오른 조비는 눈엣가시처럼 여기던 조식을 죽일 마음을 품었다. 어느 날 연회를 열고 조식을 부른

조비는 이렇게 말했다.

"네가 시를 잘 짓는다 하니 일곱 걸음을 걷는 동안에 시 한 편을 지어보아라. 만일 시를 짓지 못한다면 여덟 걸음째에 네 목을 베겠다."

이 말을 들은 조식은 눈물을 흘리면서 유명한 「칠보시」를 지었는데 내용은 다음과 같다.

> 콩을 삶아서 뜨거운 국을 만들고
> 된장을 풀어 즙을 만드네.
> 콩깍지는 아궁이에서 타오르고
> 콩은 솥 안에서 울고 있네.
> 원래는 한 뿌리에서 나왔는데
> 불태워 괴롭힘이 어찌 이리도 가혹한가?

곧 조비와 자신은 같은 어버이로부터 나온 형제인데 어찌 그렇게 자신을 못 죽여 안달을 하느냐는 푸념과 슬픔의 표현이었다. 이 시를 들은 조비는 눈물을 흘리면서 그를 살려주었다.

사람이 높은 지위에 있으면 그 자리가 얼마나 위험한지를 잘 깨닫지 못한다. 낮은 자리에서 올려다보았을 때라야 비로소 높은 자리의 위험을 깨닫게 되는 것이다.

밝은 곳에 있는 사람은 빛의 눈부심을 알 수 없다. 어두운 곳에서 밝은 곳으로 나왔을 때라야 비로소 그것을 느낄 수 있다. 따라서 자신의 가장 큰 적이 자신을 관찰하는 것처럼 자신을 관찰해야만 한다.

 우리는 자신도 모르는 사이에 교만해지고 자랑하고 싶어한다. 이것은 습관이 아니라 인간이 가지고 있는 본성이다. 그러므로 그 본성을 억제하여 스스로를 감추는 것이 인간 생존의 한 모습이기도 하다.

진실한 선행이란 보답을 바라지 않는 것

은혜를 베풀었다면 보답을 바라지 말고,
남에게 주었다면 뒤에 후회하지 말라.
(存心-6)

　어느 소문난 구두쇠가 거리에서 구걸하는 거지소년을 머슴으로 데려왔다. 몇 마디를 나누어보니 눈치가 빠르고 힘도 좋아 헐값에 많은 일을 시킬 수 있다는 계산에서였다. 물론 거지소년은 그때부터 주린 배를 채울 수 있고 동전 몇 푼이나마 벌게 되었으므로 앞뒤 재지 않고 구두쇠를 따라나섰다.

　그때부터 소년은 욕심 많은 구두쇠로부터 모진 학대를 받으며 힘들게 일했지만, 그렇게 번 돈으로 자신과 함께 구걸하던 다른 거지들을 보살펴주었다. 그러면서 이 모든 것이 주인 덕분이라고 말하곤 했다.

　그로부터 몇 년이 흘렀다. 구두쇠는 문득 그토록 자신을 욕심쟁이라고 비난하던 사람들의 시선이 따스하게 바뀌어 있음을 느꼈다. 사실 그는 예전과 달라진 것이 하나도 없었다. 오로지 돈을 모으는 것이 유일한 낙이요, 행복이라 느꼈을 뿐.

한데 그동안 자신도 모르는 사이에 대체 무슨 일이 벌어진 것일까. 궁금해진 구두쇠는 사람들에게 자초지종을 캐물었다. 그리하여 마침내 소년의 착한 마음과 선행을 알게 되었다.

그 길로 구두쇠는 소년을 양자로 삼고 자신의 모든 재산을 물려주었다. 소년은 또한 선한 마음으로 구두쇠를 잘 섬기며 죽을 때까지 가난한 사람들을 위해 살았다.

한 사람의 작은 선행이 그 민족의 가치를 상징하는 모델이 되고, 무심코 저지른 범죄가 엄청난 사회 문제로 비화되는 경우를 우리는 얼마나 많이 보아왔는가.

길거리를 걷다가 손을 내미는 거지가 귀찮아서 던져준 지폐 한 장이 기아에 허덕이던 한 가족의 하루 끼니를 해결해준다. 예정된 위문 코스에 따라 병원에 들른 연예인이나 스포츠 선수들이 불치병에 걸린 아이에게 건넨 따뜻한 격려 한마디가 죽어가던 생명의 불씨를 살려내기도 한다.

살다보면 이렇듯 무의식중에 선행을 베푸는 경우를 볼 때가 있다. 물론 그것이 마음에서 우러나온 것이 아니라 할지라도 그의 선행은 자연스럽게 이 사람 저 사람에게 전파된다. 곧 의도하지 않아도 아름다운 행동을 퍼뜨리게 되는 셈이다. 마치 꿀을 훔치면서 꽃가루를 옮겨주는 벌과 같은 존재라고나 할까.

하지만 오늘날 자신의 이름을 알리기 위해 장학 사업을 벌이는 사이비 정치인이라든가, 재산을 빼돌리기 위해 박물관이나 미술관을 지어 헌납하는 부자들의 경우는 어떠한가. 이들은 과연 선행을 하고 있는 것일까.

물론 그렇지 않다. 실로 그들의 일화가 스스로 감동하고 뉘우치는 결말로 맺어진다면 얼마나 좋을까마는, 이런 바람은 낙타가 바늘구멍 통과하기를 기대하는 것과 하등 다를 바 없다.

그들의 가식적이며 이중적인 선행을 꿰뚫어보기 위해서 우리는 참다운 눈빛을 지녀야 한다. 그 추상 같은 시선 자체가 혼탁한 사회를 정화해가는 기반인 것이다. 다음은 진실한 선행이 얼마나 큰 덕목인지를 알려주는 맹자의 말씀이다.

남들에게서 취해 훌륭한 행실을 하는 것이 결국 남으로 하여금 선행을 베풀게 하는 것이다. 그러므로 덕을 지닌 군자는 남과 함께 선행을 하는 것보다 더한 것이 없다.

명예는 헛되이 꾸밀 수 없다

담력은 크게 가지되 마음가짐은 늘 섬세해야 하고,
지혜는 원만하도록 하되 행동은 방정하게 해야 한다.
〈存心-7·손사막〉

허종은 조선 세조 때 사람이다. 그가 어렸을 때 또래 아이들과 함께 절에 가서 공부를 하고 있었는데, 밤새 도둑이 들어와 아이들의 옷가지와 신을 몽땅 들고 가버렸다. 아이들이 모두 분통이 터져 욕을 하고 있는데, 허종은 태연한 표정으로 붓을 들어 벽에 이렇게 썼다.

'이미 옷을 빼앗았으면 마땅히 신은 훔쳐가지 말아야 한다. 옷도 빼앗고 신까지 훔쳐갔으니 이는 도둑 선생의 도리가 아니다.'

성인이 된 그는 조정에서 천체를 살피는 일을 맡고 있었는데, 때마침 일식日蝕이 일어났다. 그는 곧 세조에게 임금께서 불교를 좋아하고 사냥을 즐기며 상소를 받아들이지 않으니 이런 괴변이 생긴 것이라고 상소를 올렸다. 그러자 임금이 짐짓 화난 듯이 그를 부른 뒤 이렇게 소리쳤다.

"네가 나를 모욕했으니 죽어도 원망 말라."

그러고는 곁에 있던 역사力士 최적에게, 자신이 칼을 다 뽑으면 그때 네 칼을 들어 허종을 베라고 명했다.

이윽고 세조가 자신의 칼을 서서히 뽑는데, 칼날에서 파르스름한 빛이 무섭게 피어났다. 이것을 보고 있던 주위 사람들의 얼굴이 새파랗게 질렸지만 허종은 조금도 두려워하지 않고 세조가 묻는 말에 낭랑한 어조로 대답하는 것이 아닌가. 이에 세조는 더 이상 어찌지 못하고 친히 술을 내려 칭찬했다.

사람들이 열매가 가득한 나무들에게 물었다.
"왜 너희는 시끄러운 소리를 내지 않지?"
그러자 나무들이 대답했다.
"우리의 열매는 우리가 내는 커다란 소리와 다름없는걸요."

미드라쉬의 짧은 우화다. 열매를 맺은 나무를 떠올려보라. 그들은 그것으로 만족한다. 애써 떠벌리지 않아도, 열매는 그들의 아름다운 결과임을 잘 알기 때문이다.

이와 마찬가지로 사람의 명성은 저절로 생기는 것이 아니며, 명예

또한 스스로 자라나는 것이 아니다. 공을 이루어야 명성이 이루어지며, 명예는 헛되이 꾸밀 수가 없다. 그것은 오로지 자신을 다스리는 사람의 몫이다.

말로만 힘쓴다 하고 실행함에 있어서는 게으름을 피운다면, 비록 말을 잘할지라도 그 말을 들어주는 사람이 없게 된다. 능력이 있더라도 자신의 공을 자랑하면 비록 수고로웠을지라도 반드시 함께 하려는 사람이 없을 것이다.

지혜로운 사람은 비록 말은 잘 가려서 할지라도 번거롭게 이야기하지 않으며, 능력이 있더라도 공치사를 하지 않으니 이것으로 명예가 천하에 드높아진다.

말을 많이 하려 애쓰지 말며, 지혜를 쌓는 데 최선을 다하자. 그리고 행동은 드러나지 않도록 늘 조심하도록 하자.

사귀지 말아야 할 친구

묵자

그림을 그리다 보면 반드시 손에 물감이 묻듯이, 장점보다 단점이 많은 사람을 만나다 보면 그들의 어긋난 모습을 은연중에 닮아가게 된다. 그러므로 다음과 같은 친구들은 절대 가까이하지 말라.

1. 의지가 굳세지 못한 사람과는 사귀지 말라.

의지가 박약한 사람은 지혜롭지 못하다. 말이 미덥지 못한 사람은 행동이 과감하지 못하다. 재물을 가지고도 남에게 나누어주지 못하는 사람은 벗으로 사귀기에 부족하다.

2. 분별없는 사람을 멀리하라.

스스로 도리를 독실하게 지키지 못하여 사물을 널리 분별하지 못하고, 옳고 그름을 분간하지 못하는 사람과는 사귀지 말라.

3. 근본이 굳지 못한 사람과 어울리지 말라.

위기를 만나면 돌아서는 까닭에 끝이 반드시 위태로워진다. 그러므로 사내다우면서도 수양하지 않는 사람은 훗날 반드시 게을러진다.

4. 근원이 흐린 사람과 뜻을 함께 하지 말라.

그처럼 삶이 맑지 않으며, 행동에 믿음이 없는 사람은 한때 영화를 누릴지라도 그 반짝이던 명성은 열매를 맺지 못한다.

정의는 그 어느 것과도 바꿀 수 없다

나라의 법을 두려워하면 아침마다 즐겁고,
공정함을 속이면 날마다 근심한다.
(存心-9)

　모든 일에 있어 의義보다 귀한 것은 없다. 지금 만약 그대에게 "높은 벼슬을 내릴 것이니 그대의 손과 발을 끊어라"고 한다면 그대는 어떻게 하겠는가. 틀림없이 고개를 저을 것이다. 그것은 벼슬이란 손과 발의 귀함만 못한 까닭이다.
　또 "천하를 줄 것이니 그대의 몸을 죽여라"고 한다면 그대는 그렇게 하겠는가? 역시 그렇게 하지 않을 것이다. 그 이유는 천하가 자신의 몸보다 귀하지 않은 까닭이다.
　사람들이 대의를 논하다가 그것으로써 서로 죽이기도 하는데, 그것은 정의가 그들의 몸보다 귀하기 때문이다. 그러므로 모든 일은 의보다 귀함이 없는 것이다.

※

『묵자墨子』에 실려 있는 말이다. 자신을 천하와는 바꿀 수 없을지언정 정의와는 바꿀 수 있다. 그것은 정의로운 나 자체가 본래의 나이기 때문이라는 것이다.

정의를 잃는다면 실로 죽은 사람이다. 그렇지 못하고 오로지 허위와 허상으로 살아서 그뒤에 남길 수 있는 것이 대체 무엇이겠는가. 그 대답은 갈매기조차 날아들지 않았다는 한명회의 정자 압구정狎鷗亭이 말해주고 있지 않을까.

중세 이탈리아 과학자인 갈릴레오는 70세 때 교회측의 고문과 죽음의 위협에 굴복하여 법정에 모인 많은 사람들 앞에서 지동설地動說을 부정하는 맹세를 했다. 하지만 그 암흑의 동굴을 빠져나오면서 그는 이렇게 중얼거렸다.

"그래도 지구는 돌고 있다."

이 이야기의 정체는 무엇인가? 정의와 진실은 아무리 감추려 해도 언젠가는 모습을 드러낸다는 오묘한 이치가 아니겠는가.

어떤 문제에 대해 자신과 견해가 다른 사람이 있으면 진실은 뒤로 하고 승부에만 열중하는 괴상한 양태를 보이곤 한다. 이것은 어처구니없는 일이다. 이미 정해진 결과가 있음에도 그 과정을 다툰다는 것이 얼마나 의미 없는 일인가.

모자와 신발을 얻기 위해 손과 발을 버리지 않고, 천하를 얻기 위해 목숨을 버리지 않는 것처럼, 자신의 몸보다 정의를 더 귀하게 여기는 모습은 아름답다.

이제는 어떻게 살아가느냐보다 어떤 모습으로 죽을 것이냐라는 화두話頭를 한 번쯤 생각해보도록 하자. 구차하고 비루한 모습으로 삶을 연명한다는 것은 정의로운 죽음에 비추어볼 때 비교할 수 없을 정도의 악덕이 아니겠는가.

탐욕을 버리면 마음이 넉넉하거늘

가난할지언정 아무 사고 없이 사는 것이
부유하면서 큰일을 겪는 것보다 낫고,
초가집에 살지언정 사고 없이 사는 것이
좋은 집에서 살면서 큰일 겪는 것보다 나으며,
병이 없이 거친 밥을 먹을지언정
병이 있어 좋은 약을 먹는 것보다 낫다.

(存心-14 · 『익지서』)

묵자가 노양의 문군이란 사람에게 이렇게 물었다.

"지금 여기 한 사람이 있는데, 그는 양고기와 쇠고기로 요리를 만들어 아주 여러 날 먹을 만큼 양이 많았습니다. 그런데 그가 남이 떡을 만드는 것을 보고는 그것을 슬그머니 훔치면서 '나에게도 먹을 것을 줘야 하지 않습니까?'라고 말했습니다. 이것은 해와 달을 분별하지 못해 그 밝음을 알지 못하는 것입니까, 아니면 그에게 도둑질하는 버릇이 있어서입니까?"

이에 문군이 대답했다.

"도둑질하는 버릇이 있어서입니다."

묵자가 다시 물었다.

"초나라는 사방에 밭이 널리 버려져 있어 이루 다 경작할 수 없을 정도고, 수천 곳에 빈 땅이 있어 이루 다 들어가서 살 수 없을 정도입니다. 그런데도 송나라와 정나라의 빈 고을을 보면 슬그머니 쳐서 차지하니 이는 앞서 말한 것과 다른 것입니까?"

그러자 문군이 다시 대답했다.

"이것은 앞서와 마찬가지로 도둑질하는 버릇이 있어서입니다."

도둑질하는 버릇이란 곧 탐욕을 뜻한다. 탐욕은 한 사람을 고통 속에 영원히 빠뜨린다. 그는 세상의 모든 것을 가지고 싶어하고 하찮은 것조차 버릴 줄을 모른다. 내가 없는 것을 남이 가졌다면 아마 목숨이라도 내놓을 정도일 것이다.

그런 집착과 욕망은 많은 재물과 거짓 명예를 가져다준다. 그리하여 외면적으로 볼 때 그는 성공한 인물로 평가받을 수 있다. 하지만 가슴속에서 구렁이처럼 꿈틀거리는 탐욕과 두려움이 살아 있기에 그는 진정한 부자가 될 수 없게 된다.

비록 거친 밥을 먹을지언정 병이 없는 것이, 병이 있어 좋은 약을 먹는 것보다 낫다. 곧 건강한 삶이냐, 산해진미를 앞에 둔 병자의 삶이냐에 대한 명쾌한 해답이다.

혹자는 곳간에서 인심 난다는 말로써 부유함을 찬미하기도 한다. 물론 가진 자의 여유는 중요하다. 하지만 많은 부자들은, 스스로 베풀지 않고 향유하기에 급급하여 그런 말조차 곱게 귀에 들어오지 않는다.

부자의 여유와 빈자의 나눔에는 얼마나 커다란 차이가 있는가. 진정으로 삶을 누리는 사람들은 물질이 아니라 마음을 준다. 그래서 지금은 비록 부자가 되었지만 어떤 부자라도 그 어려웠던 시절 달동네의 따스한 인정을 그리워하는 것이다.

하지만 아직도 자신들은 갈 수 없는 나라, 낙타가 바늘 구멍을 일곱 번 통과해야만 가능한 세계를 돈으로 살 수 있다고 믿고 있다. 때문에 지금도 그들은 자신들의 부를 위하여 동분서주하며 의심과 시기로 가득 찬 부자의 나날을 보내고 있는 것이다.

가난 속에서 누리는 행복이 물론 삶에 있어서 최선의 덕목은 아니다. 하지만 그 안에서 사는 사람들은 빼앗는 방법도, 빼앗을 마음도 가지고 있지 않다.

모자라는 가운데 나누고, 넘치면 더욱 베푸는 이웃 간의 포근한 정이 있기에 그들은 오히려 부자들보다 넉넉하다는 뜻이다.

악습을 끊는 7가지 법칙

1. 단숨에 끊어라. 결심한 그 순간부터 실천하라. 의식적으로 좋은 습관을 가지도록 노력하라.

2. 개의치 말고 계속하라. 악습을 끊으려 하면 주변에서 악마의 목소리들이 들려올 것이다. 그때가 좋았다, 갑자기 이상해졌다……. 그것은 비뚤어진 과거의 반영일 뿐이다. 그대로 전진하라.

3. '한 번쯤' 하는 식으로 다시 시작하지 말라. 그것이 여태까지의 노력을 수포로 돌아가게 만든다.

4. 무의식중에 나쁜 습관이 나타나더라도 절망하지 말라. 당시의 상황을 파악하여 고쳐나가도록 하라.

5. 중도에 실패했다고 해서 자책하지 말고 계속하라. 악습을 버리는 데 끝은 있어도 과정의 끝은 없다.

6. 조금 성과가 있다고 해서 자만하지 말라. 자만과 만용은 악습의 친구다.

7. 스트레스를 감내하라. 그것은 분명 발전적인 스트레스다. 그 현상이 당연한 정화의 과정임을 알면 스스로도 즐거울 것이다.

내 마음이 비뚤어져 있는데…

네 생각이 비뚤어져 있으면 타이르든 무슨 소용이 있으며,
네 의견이 좋지 못하면 가르쳐준들 무슨 보탬이 있겠느냐.
자신의 이익만 생각하면 도리를 어기게 되고
사사로운 생각이 굳어지면 공정함을 해친다.

(存心-19)

제나라에 아내와 첩을 거느리고 사는 사람이 있었다. 그런데 그는 외출하면 반드시 술과 고기를 배불리 먹은 다음에야 집에 돌아왔다.

아내가 궁금하여 함께 먹은 사람이 누구인가를 물으면 그는 "모두 부자들이다"라고만 대답했다.

어느 날 아내는 첩을 불러 이렇게 말했다.

"남편이 외출하면 반드시 술과 고기를 배불리 먹고 들어와 부자와 함께 했다고 한다. 하지만 아직 우리 집에는 그와 같은 사람이 온 적이 없으니 참으로 이상하다."

다음날 아침, 아내는 남편의 뒤를 몰래 밟았다. 아내가 살펴보니 남

편은 줄곧 성 안을 돌아다니면서도 사람들과 이야기를 나누지 않았다.

그런데 문득 동쪽 성곽의 북망산에 이르자 남편은 무덤에 제사 모시는 사람에게 남은 음식과 술을 구걸했다. 그러다가 모자라면 이리저리 둘러보다가 다른 곳에서 또 구걸하곤 했다. 이런 꼴을 몰래 지켜보다 낙담한 아내는 집에 돌아와 원망의 눈물을 흘리며 이렇게 말했다.

"남편이라는 사람은, 우리가 바라보면서 평생을 함께 하는 사람이거늘, 하는 짓이 어찌 저러할까."

저녁때가 되자 남편은 그러한 사실을 알지 못하고 예전처럼 의기양양하게 집에 돌아와 교만하게 굴었다.

사람의 속물 근성은 쉽게 그 뿌리를 드러내지 않는다. 오늘날 부귀영달을 위해서라면 무슨 짓이든 서슴지 않는 사람들의 행동거지 역시, 그네들의 가족들이 본다면 부끄러워하거나 눈물을 흘리면서 서러워하지 않을 사람이 드물 것이다.

우리 주변에는 출세와 영달을 위해 온갖 교활한 짓을 하면서도 타인들에게는 근엄하고 교만한 척하는 사람들이 얼마나 많은가.

사람이 제아무리 힘이 없다 할지라도 강자에게 삶을 구걸하면서 부끄러워하는 마음조차 없다면 짐승과 다를 것이 없다. 그들에게는 교육이 남을 속이는 바탕이 되고, 예절이 남에게 아첨하는 수단이 된다.

하지만 그것은 진실로 거지의 마음이다. 이와는 반대로 제왕의 마음은 항상 흘러넘쳐 베푸는 데 있다.

아무리 어려운 상황에 처해 있다 할지라도 도리에 어긋나지 않는 생활하려 노력하고, 진실한 마음으로 주변 사람들을 대할 때 더 큰 삶의 결실을 맺을 수 있게 되는 것이다.

정신이나 행실의 기초가 굳건해야만 도움을 받을 수 있고 줄 수 있는 법. 될성부른 나무는 떡잎부터 알아본다. 내가 아닌 타인을 먼저 생각하는 사람이 되자.

마음 다스리기

사람의 성품은 물과 같아서,
물이 한번 쏟아지면 다시 주워담을 수 없듯이
한번 방종에 빠지면 돌이킬 수 없다.
물을 막으려면 반드시 둑을 쌓듯이,
성품을 바로잡으려면 반드시 예법으로 해야 한다.

(戒性-1 · 『경행록』)

어느 날 명도 선생이 공부를 하다가 스승인 주무숙에게 말했다.

"지금까지 저는 사냥이란 것이 그토록 즐겁고 좋은 것인 줄 몰랐습니다. 이제 공부에 방해가 되니 그것을 생각지 않아야겠습니다."

그러자 주무숙은 이렇게 되받았다.

"너는 그렇게 말을 쉽게 하지 말라. 단지 그 마음이 잠겨 숨어 있으므로 겉으로 나타나지 않을 뿐이다. 어느 날 그 마음이 동하면 다시 전과 같이 될 것이다. 두고 보아라."

그후 12년이 지났다. 명도 선생은 길을 가다가 우연히 사냥하는 사람들을 보게 되었다. 그런데 문득 자신도 그 속에 끼고 싶다는 생각이 드는 것이었다. 그는 옛날 스승의 말씀을 떠올리면서 빙그레 웃었다.

"과연 스승님의 말씀이 옳았구나. 아직도 그 생각이 내 안에 그대로 있으니……."

마음을 다스리기가 얼마나 어려운가를 일깨워주는 일화다.

일찍이 명도 선생이 공부에 방해가 될까 두려운 마음에 사냥을 외면했지만, 어느 한순간 잠자던 욕망이 깨어나니 다시 말을 타고 화살을 날리는 사냥의 즐거움을 그리워하게 되었다는 내용이다.

이처럼 욕망을 다스리기 위해 자신을 갈고 닦지만, 이미 마음에 스며든 잡념을 쉽게 떨쳐버리기가 힘들다. 그러므로 항상 자신을 경계해야만 하는 것이다.

오늘날의 관점으로 본다면, 오로지 한마음으로 목표에 집중하더라도 그 안에서 일어나는 스트레스를 풀어줄 오락은 반드시 필요하다. 여가에 마음을 정화시킬 수 있는 종목을 찾아 즐기도록 하자. 잘 노는 사람이 일도 잘 한다.

참는 자가 승리한다

한순간의 분노를 꾹 눌러 참으면
백 날 동안의 근심을 면하리라.
〈戒性-2〉

　진나라의 목공이 몹시 아끼던 말 한 마리가 어느 날 마구간을 부수고 달아나버렸다. 마구간을 담당하는 관리가 놀라서 사방으로 사람을 풀어 찾아보니 그 말이 기산 기슭으로 숨어들었다가 마을 사람들에게 잡혔다는 소식이 들려왔다. 관리가 서둘러 가보니 이미 사람들이 말의 가죽을 벗기고 잡아먹은 뒤였다.
　관리는 말고기를 잡아먹은 마을 사람들을 모조리 체포한 다음 목공에게 사실대로 보고했다. 사람들은 왕이 아끼는 명마를 잡아먹었으니 이젠 죽었구나 하고 벌벌 떨었다.
　목공은 영명한 군주였다. 애마가 잡아먹혔다는 보고에 처음에는 화가 치밀었지만 금방 기분을 누그러뜨린 다음 관리에게 이렇게 말했다.

"그래봤자 말 한 마리의 문제다. 어찌 그런 하찮은 일로 마을 사람들을 모조리 잡아들인단 말인가. 당장 모두 석방하도록 하라. 그리고 말고기를 먹은 다음 술을 마시지 않으면 병이 난다고 하니 어서 궐 안의 술을 가져다가 먹이도록 하라."

이렇게 해서 마을 사람들은 죄를 용서받았을 뿐 아니라 귀한 궁중의 술까지 얻어먹었다.

그로부터 몇 년 뒤 전쟁이 벌어졌다. 진나라는 패전에 패전을 거듭한 끝에 적국의 병사들에게 포위되어 옴짝달싹할 수 없는 신세가 되고 말았다.

바야흐로 목공조차 목숨이 위태로운 지경이었다. 이때 포위망 밖에서 한 무리의 군사들이 나타나 질풍처럼 적진으로 돌입하더니 금세 포위망을 뚫고 목공을 구출해냈다. 위기를 넘긴 목공이 땀을 닦으며 그들을 지휘한 장수에게 물었다.

"대체 자네들은 누구 수하의 병사들이기에 그렇듯 용감한가?"

그러자 장수와 병사들은 모두가 고개를 조아리며 목공에게 말했다.

"예, 저희들은 일전에 전하의 애마를 잡아먹은 죄를 지었는데도 용서해주시고, 게다가 술까지 하사받은 기산의 백성들입니다. 오늘 전하의 위험을 알고 은혜를 갚고자 나선 것입니다."

악마를 항복시키려거든 먼저 자신의 마음을 항복받으라. 마음이 굴복하면 모든 악마는 스스로 물러갈 것이다. 횡포를 누르려거든 먼저 자신의 객기를 누르라. 객기가 가라앉으면 외부의 횡포는 침입하지 못하리라.

『채근담』에 이르는 말이다. 죄악에 죄악으로 대하고, 탐욕에 탐욕으로 대한다면 결국 그 사람은 똑같은 멸망의 길을 걷게 된다. 그러므로 우리는, 저 왈패의 객기에 가랑이 사이를 기었던 한신과 같이 스스로의 분노를 절제하고 긴 안목으로 삶을 바라보아야 한다. 참는 자는 승리한다는 예는 미국 대통령 링컨의 일화에도 있다.

링컨은 청년 시절 일리노이 주에서 관리가 되기 위해 시험을 보았으나 떨어졌다. 그후 사업을 시작했다가 동업자의 배신으로 17년 동안 돈을 벌어 빚을 갚아야 했다. 또 교제하던 아름다운 처녀와 약혼까지 했지만, 그녀가 요절하는 바람에 오랫동안 짐스럽게 여기던 여자와 결혼을 했다.

그의 실패는 이것만이 아니었다. 국회의원에 출마했다가 참패를 당했으며, 미국 국유지 관리국 관리 시험에서 낙방했다. 또 상원의원에 출마했다가 낙선했고, 부통령 후보로 나섰지만 역시 낙선했다.

이처럼 실패에 실패를 거듭한 링컨이었지만 결코 낙심하지 않았다. 그리하여 그는 마침내 미국 역사상 가장 위대한 대통령이 되었다. 링컨의 성공 원인은 무엇이겠는가? 그것은 어떠한 고난에도 고개 숙이지 않고 자신을 갈고 닦으며 때를 기다렸기 때문이다.

그렇다면 지금 당신은 어떤가? 지금 어떤 상황에 놓여 있는가? 살다 보면 누구나 한 번쯤 위기를 겪게 마련이다. 그럴 때 사람들은 갑작스레 다가온 장애물로 인하여 당황하고 갈피를 잡지 못할 때가 있다.

그 위기의 근원이 외부에 있지 않고 자신의 마음속에 있음을 인정하라. 당신은 곧 해결책을 발견해낼 수 있게 된다. 마음을 안정시켜라. 그럼으로써 어떤 상황에서도 침착하게 대처할 수 있게 된다.

겸손하게 재능을 키워나가라

자신을 굽힐 줄 아는 사람은 중요한 지위에 오를 수 있고,
다른 사람을 굴복시키기를 좋아하는 사람은
반드시 적을 만나게 된다.

(戒性-6·『경행록』)

바야흐로 각처에서 영웅호걸들이 들고일어나 천하의 패권을 노리던 진나라 말기 시절, 양무군 호유현이라는 곳에 진평이란 사람이 살고 있었다.

진평은 풍채가 당당하고 도학에 능통했지만 집이 가난해서 나이가 꽉 찰 때까지도 아내를 얻지 못했다. 마을 부자들은 입에 풀칠조차 하기 어려운 그에게 딸을 주려고 하지 않았고, 가난한 집에서는 일을 하지 않고 책만 읽는 진평을 싫어했다.

그때 마을에 소문난 부자인 장부란 사람에게 손녀딸이 하나 있었는데, 그녀는 몇 차례 시집을 갔건만 첫날밤에 모두 남편이 죽어버려 친

정집에 머물고 있었다. 장부는 진평의 소문을 듣고 내심 그에게 손녀딸을 시집보내리라 마음먹었다.

어느 날 장부가 진평의 사람됨을 알아보기 위해 그의 집을 찾았다. 진평의 집은 빈민가 귀퉁이에 있었는데 대문도 없이 입구에 거적만 달랑 매달려 있었다.

그런데 특이하게도 문간에 수레바퀴 자국이 깊이 파여 있는 것이 아닌가. 그것은 고관대작들이나 타고 다니는 무겁고 큰 수레바퀴의 자국이었다.

이것을 유심히 본 장부는 마음을 굳히고 집에 돌아오자마자 가족들을 불러모은 뒤 손녀딸을 진평에게 주겠다고 선언했다. 그러자 아들 장중이 반대하고 나섰다.

"아버지, 진평은 동네 사람들의 비웃음을 사고 있는 한량이 아닙니까? 어찌 그런 사람에게 제 딸을 주라고 하십니까?"

이 말에 장부는 단호하게 말했다.

"그것은 잘못된 생각이다. 내가 그의 사람됨을 보아하니 그토록 훌륭한 인물은 처음이었다. 그가 가난하게 사는 것은 반드시 까닭이 있을 터이니 개의치 말아라."

그러고는 서둘러 두 사람의 혼례식을 치러주었다. 그리고 손녀딸에게 이렇게 말했다.

"가난하다고 해서 남편을 섬기는 데 소홀히 하지 마라. 그는 반드시 큰 사람이 될 것이다."

얼마 후 마을에서 제사를 지내게 되었는데, 사람들은 진평에게 고기를 나누어주는 직책을 맡겼다. 그런데 그의 분배 방법이 너무나 공평무사해서 사람들이 칭찬을 아끼지 않았다. 그러자 진평이 말했다.

"나에게 만약 천하를 관리할 기회가 주어진다면 반드시 이처럼 할 것입니다."

과연 그로부터 얼마 후 그는 한나라 유방의 막하에 들어가 자신의 웅지를 유감없이 펼쳤다. 특히 유방이 자신을 믿고 맡긴 황금을 이용하여 경쟁국인 초나라에 많은 첩자를 보내 전세를 유리하게 전환하는 데 커다란 공을 세웠다.

진평은 나아가 유방이 초나라를 물리치고 천하를 통일한 뒤에는 일인지하 만인지상인 승상의 지위에까지 올랐으니, 과연 손녀딸을 시집 보낸 장부의 예견대로였다.

윗글은 어떻게 살아가는 것이 현명한가에 대한 본보기다.

자신을 굽힐 줄 모르는 사람은 밖에서 원만하게 일을 진행시키지 못하며, 남을 이기기를 좋아하고 스스로 강자로 자처하는 사람은 언젠가는 자신보다 강한 사람을 만나 쓰디쓴 패배를 겪게 된다.

"나무에 잘 오르는 사람은 나무에서 떨어져 죽고, 수영을 잘하는 사람은 물에 빠져 죽는다"라는 속담이 있다. 자신의 재능을 과시하는 자는 쉽게 부러지지만 겸손하게 재능을 키워가는 자는 유연하게 정상으로 도약할 수 있다. 더불어 장자莊子의 다음과 같은 말은 실로 의미심장하지 않은가.

당신은 저 버마재비를 알지 못하는가. 가느다란 팔을 높이 들고 수레바퀴를 막고 있으면서도 자기가 감당하지 못한다는 것도 알지 못하니, 이는 자신의 재능을 과신했기 때문이다. 삼가고 조심하라. 자신의 재능을 과시하는 것은 다른 사람을 건드리게 되는 일이라 몹시 위험하다.

위기를 이겨내는 4가지 마음가짐

위나라의 태사 거백옥에게 안합이란 사람이 찾아와 공직자로서 혼란한 시대의 틈바구니에서 몸을 보전하고 뜻을 펼칠 수 있는 방법을 물었다. 그러자 거백옥은 다음의 네 가지를 알려주었다.

1. 자신의 용모와 태도를 바르게 하라.

2. 상대방의 기분에 맞추어 무리없이 감화시켜라.

3. 상대의 성격에 순응하면서도 주체성을 잃지 말라. 하지만 그것을 밖으로 드러내지는 말라.

4. 자기 능력의 한계를 알고 자만하지 말라.

나눔이란 마음을 위로해주는 샘물

모든 일에 인정을 남겨두어라.
훗날 만났을 때 좋은 얼굴로 보게 된다.
(戒性)

전국시대 변방에 중산국이란 작은 나라가 있었다. 어느 날 이 나라의 왕이 나라 안의 명사들을 대궐로 불러들여 커다란 연회를 베풀었다.

그런데 예상했던 인원보다 훨씬 많은 사람들이 몰려들어 준비한 음식이 부족하게 되었다. 그러자 늦게 와서 음식을 못 얻어먹은 사람들은 푸대접을 받았다고 분개하며 이웃의 초나라로 가서 중산국을 공격하도록 부추겼다.

마침내 초나라의 대군이 중산국에 몰아닥치자 얼마 되지 않는 병사로 대항했던 중산국 왕은 금세 참패를 당한 뒤 군사들을 모두 잃고 도망치는 신세가 되었다.

왕이 한참 채찍으로 말을 재촉하며 국경쪽으로 달리는데 뒤쪽에서 창칼을 든 두 사람이 맹렬히 뒤쫓아왔다. 왕은 더 이상 도망칠 곳이 없음을 깨닫고 말의 고삐를 당겼다. 당당하게 죽기로 마음먹은 왕은 잠시 후 다가오는 두 사람에게 물었다.

"너희들은 대체 누구냐?"

그러자 그들은 재빨리 말에서 내린 다음 정중하게 고개를 숙이며 대답했다.

"안심하십시오, 전하. 저희들은 옛날 전하께서 음식을 베풀어 목숨을 구해준 사람의 자식들입니다. 부친께서 생전에 중산국에 무슨 일이 생기면 죽음으로써 은혜에 보답하라 하셨는데 바로 지금이라 생각되어 달려온 것입니다."

그제야 중산국 왕은 커다랗게 한숨을 토하며 이렇게 탄식했다.

"얼마 안 되는 음식이라도 그것으로 인하여 사람의 마음에 상처를 입히면 지독한 복수를 당하고, 상대가 곤궁할 때 베풀면 마침내 은혜를 입게 된다. 내가 오늘 그 때문에 한 나라를 잃었고, 또 그로 인하여 두 용사를 얻었구나."

어느 비오는 날 오후에 한 노신사가 길가에서 추위에 떨며 누군가를 기다리고 있었다. 그때 신문팔이 소년이 지나갔다. 노신사는 소년을 불러 신문을 한 장 산 후에 이렇게 물었다.

"애야, 춥지 않니?"

그러자 소년은 웃는 얼굴로 이렇게 대답했다.
"아저씨, 저는 아저씨를 만나기 전에는 굉장히 추웠어요."

레이몬드 오토의 짧은 소설[掌篇]이다.
나눔이란 이렇듯 고통 속에서도 마음을 위로해주는 샘물과도 같다. 인정이란 설령 보답을 원하는 것이 아닐지라도 언젠가는 반드시 보답받게 되어 있다. 그러므로 언제나 남을 돕고 따뜻하게 대하는 인품을 가져야만 한다.

재앙이란 뜻하지 않는 데서 갑자기 일어난다. 아무리 어질고 현명한 사람이 앞서 대비한다 하더라도 하늘의 뜻은 막을 수가 없다. 그런데 이렇게 절망적인 상황을 처했을 때 구원의 손길을 내미는 것은 전혀 알지 못하는 사람들이다.

그러므로 우리들은 평소에 스쳐 지나가는 사람이라도 사소하게 생각해서는 안 된다. 인연이란 알 수 없는 것이어서 무심코 행한 잘못이 평생의 한이 되기도 하고, 무심코 행한 선행이 위기에서 자신의 생명을 구하는 감로수가 되기도 한다.

높은 산에 올라야 세상을 볼 수 있듯이

사람이 배우지 않음은 재주 없이 하늘에 오르려는 것과 같고,
배워서 아는 것이 많으면 상서로운 구름을 헤치고
푸른 하늘을 보며, 높은 산에 올라
온 세상을 내려다보는 것과 같다.
(勤學-2 · 장자)

진나라의 남평현에 차윤이라는 사람이 있었는데 책을 많이 읽어 세상 이치에 두루 밝았다. 그런데 그는 몹시 가난하여 등잔기름을 살 돈이 없었으므로 밤에는 책을 읽을 수가 없었다.

생각다 못한 차윤은 동네 사람에게 낡은 비단 주머니를 하나 얻은 뒤 그 안에 반딧불이를 여러 마리 잡아넣고 그 빛으로 책을 읽었다. 사람들이 이를 알고 탄복했는데, 형주의 장관이 소문을 듣고 그를 불러 비서관으로 임명했다.

공직에 나가자 차윤은 문서 관리와 시시비비를 가리는 데 있어 탁월한 기량을 발휘했다. 게다가 그는 사람들을 즐겁게 해주는 재주가

있었으므로 크고 작은 연회가 벌어졌을 때 그가 가지 않으면 사람들이 몹시 심심해했다. 이처럼 신망을 얻은 그는 점점 벼슬이 높아져 마침내 이부상서에까지 올랐다.

또 손강이란 사람은 어릴 적, 집이 몹시 가난하여 등을 켤 수 없었으므로 겨울밤에 흰 눈에 비추어 책을 읽었다. 그는 매우 청렴결백하고 스스로에게 엄격하여 친구를 골라 사귀었는데 훗날 벼슬이 어사대부에까지 이르렀다.

이것이 바로 유명한 형설지공螢雪之功의 고사다. 학문이란 지혜의 몸통이다. 그 몸통에 이상理想의 날개가 달리게 되면 마침내 창공을 힘차게 날아갈 수 있는 것이다. 몽상적인 세상을 노래했던 장자 역시 현실적인 삶의 원천이 학문에서 나온다는 점을 간과하지 않았다.

차윤과 손강의 고사는 학문에 힘쓰면 반드시 그 보답을 받게 된다는 유교적인 교훈을 설명하고 있지만, 반대로 학문을 게을리 하면 반드시 남에게 굴복하고 이용당하게 된다는 역설적인 뜻도 담겨 있다. 그런 의미에서 맹자가 말하는 배움의 필연성에 귀를 기울여보기로 하자.

어질지도 못하고 지혜롭지도 못하며, 예의도 없고 의리도 없다면 남에게 부림을 당하게 된다. 남에게 부림을 당하면서 그것을 부끄럽게 여기는 것은 활 만드는 사람이 그 일을 부끄럽게 여기고, 화살 만드는 사람이 그 일을 부끄럽게 여기는 것과 다르지 않다. 만일 스스로를 부끄럽게 여긴다면 어진 행동을 하는 것보다 더 좋은 것이 없다.

곧 배움이란 자신의 인격이요, 삶의 기초라는 뜻이다. 높은 산에 올라가 세상을 바라보기 위해서는 튼튼한 다리와 참을성이 있어야 하듯이 배움은 자신의 웅지를 펼치는 기반이다. 때문에 "아는 것이 힘이다"라고 하는 것이다.

조용히 생각하라, 생각을 조용히 하라

사람이 옛일과 현재를 통하지 못하면
말과 소에 옷을 입혀놓은 것과 같다.
(勸學-5 · 한문공)

공자가 진나라 땅을 지나면서 겪은 일이다. 한 노파가 유식하기로 소문난 공자를 보자 아홉 개의 구부러진 구멍이 뚫려 있는 구슬을 주면서 어디 한번 실로 꿰어보라고 했다.

공자는 땀을 뻘뻘 흘리며 구멍에 실을 꿰는 방법을 생각해보았지만 도저히 떠오르지 않았다. 창피하고 급한 마음에 주변을 둘러보니 가까이에서 한 여자가 뽕을 따고 있었다.

공자는, 노파가 그 방법을 알고 있다면 그녀도 알고 있을 거라 생각하고 다가가서 어찌해야 이 구슬에 실을 꿸 수 있느냐고 물었다. 그러자 여자는 이렇게 대답했다.

"조용히 생각하십시오. 생각을 조용히 하십시오."

그 말에 공자가 마음을 가라앉히고 조용히 궁리를 해보니 마침내 해답을 찾아낼 수 있었다.

공자는 개미 허리에 실을 매어 구슬의 한쪽 구멍에 밀어놓고 맞은편 구멍에 꿀을 발라 개미를 유인했다. 그랬더니 개미가 꿀을 찾아 실을 끌고 맞은편 구멍으로 기어나왔다. 구슬에 실이 꿰어진 것이었다.

❋

과거와 현재에 이르기까지 모든 사물을 알아야만 비로소 사람이라 할 수 있다. 곧 학문에 힘쓰라는 말이다.

윗글은 '공자천주孔子穿珠'라는 고사로, 사전적인 의미로는 공자가 구슬을 꿴다는 뜻이지만 속뜻은 '학문에 임해서는 자기보다 못한 사람에게 묻는 것을 부끄럽게 여기지 말라'는 교훈을 담고 있다.

일찍이 공자는 누구보다 배움에 열심이었고, 모르는 것이 있으면 상대가 누구든지 간에 묻기를 주저하지 않았다. 그리하여 "세 사람이 길을 가면 반드시 스승이 있다"라고 했던 것이다. 이처럼 옛 성현들은 평생을 공부했음에도 자신보다 더 깨달은 사람이 있다면 불원천리 찾아가 배움을 청하곤 했다.

주변에는 간혹 나이를 지혜의 척도로 착각하는 사람들이 있다. 그리하여 연배의 사람이 연하의 사람에게 묻는 것을 부끄러워한다. 자신의 무지를 커다란 흠으로 여기기 때문이다.

참으로 잘못된 생각이다. 이제라도 스스로의 무지를 안다는 것, 그리고 그 무지의 백지를 채우려는 마음 자체가 얼마나 귀한 것인지를 깨달아야만 한다.

무릇 바보에게도 배울 것이 있다. 거지에게는 선함을 배우고, 아랫사람에게서 감각을 배우며, 악당에게는 용기를 배울 수 있다. 악한 것을 버리고 선한 것을 취하려는 마음가짐만 있다면 그 무엇이라도 우리의 스승이 아니겠는가.

매사에 겸손한 태도로 묻자. 애써 찾는 사람에게는 돼지우리 안에서도 진주가 보이는 법이다.

학문의 유익함이란

손님이 찾아오지 않으면 집안이 속되어지고,
글을 가르치지 않으면 자손이 어리석어진다.
(訓子-1·『경행록』)

조선 영조 때 사람 한이형은 어려서 총명했지만 다섯 살 때 아버지를 여읜 탓에 공부를 하지 못하고 동네 무뢰한들과 어울려 다녔다.
26세 되던 해 어떤 사람의 집에서 『근사록』이란 책을 보고는, 비로소 학문이란 남에게 보이고자 하는 것이 아니라 자기 자신을 성찰하고 수양하는 학문임을 깨닫게 되었다. 그후 방탕한 태도를 고쳐 독학을 시작했는데, 스승도 없이 문장의 미묘한 부분까지 스스로 해독해 내곤 했다.
그는 뜻을 같이하는 선비들과 매일같이 경전의 뜻을 토론하고, 그의 소문을 듣고 찾아오는 사람이 있으면 기꺼이 가르쳐주었으므로 집안에 글읽는 소리가 끊이지 않았다.

　그는 배우고 가르치는 것에만 전념했으므로 벼슬에는 아무런 관심이 없었다. 그의 겸손하고 담백한 태도에 많은 사람들이 감동했는데, 그는 학문하는 도리에 대하여 다음과 같이 썼다.

　　마음을 보존하여 놓지 않는 것과 착하지 않은 것을 고치지 않은 것과 알지 못하는 것을 더욱 아는 것, 이것이 덕성에 있어서의 유익함이요, 글을 읽어 의리를 찾는 것과 사물을 접하되 찬찬히 살펴 처신해 타당함을 얻는 것과 지난 시대 사람들의 말과 행실을 많이 아는 것, 이것이 학문의 유익함이다.

　인간 관계를 잃지 말고 꾸준히 학문을 연마해야만 비로소 한 가문이 제대로 설 수 있다.
　지혜가 없는 사람은 주변을 잘 살피지 않고 자신에 대하여 게으르게 마련이다. 선한 것이 마음의 중심에 있지 않은 사람은 오랫동안 그것을 간직할 수 없고 행동이 말과 일치하지 않는다. 그러므로 우리는 몸으로 실천하는 사람이 되어야만 한다. 이익만을 소중하게 생각하여 명예를 소홀하게 생각한다면 결코 큰 삶을 살아갈 수 없을 것이다.
　게으름은 세상을 함께 여며가는 친구와의 관계에서도 잘 드러난다. 친구는 주어지는 것이 아니라 만들어가는 사이다. 그럼에도 우리는 새로움을 두려워하는 까닭에 상대방과의 관계를 개선시키려는 아무런 시도도 하지 않고 있다.

　주머니에 들어 있는 쓰레기는 마땅히 휴지통에 버려야 하듯 내 몸을 더럽히는 친구라면 과감히 결별하는 용기가 필요하다.

　만남은 언제나 자신에게 자극을 준다. 새로운 사람, 함께 영혼을 나누어보고 싶은 사람이 있다면 먼저 다가가라. 그도 다가올 것이다. 그리고 지식은 실천을 요구한다. 머리와 손을 바쁘게 하라.

배우는 사람이 버려야 할 8가지 습관

「격몽요결」

사람이 학문에 뜻을 두었어도 용감히 행동하고 똑바로 전진하여 성취하는 바가 없으면 옛 습관이 그 뜻을 막아 흐려버리고 만다. 여기 옛 습관의 조목을 열거하니, 이를 아주 없애지 않는다면 끝내 학문을 이룰 수 없을 것이다.

1. 그 마음과 뜻이 태만하고 몸과 행동을 아무렇게나 내버려두며, 편안히 쉬는 것만 생각하고 깊이 구속받는 것을 싫어한다.
2. 잠시도 조용히 있지 못하고 항상 어지럽게 출입하면서 쓸데없는 말로 세월을 보낸다.
3. 나쁘고 이상한 짓을 좋아하여 속된 유행을 따르고 조금만 달라보여도 남들에게 소외될까 두려워한다.
4. 글을 꾸미면 즉시 칭찬을 들으려 하고, 경전에 있는 말을 모방하여 제 글인 체하며 헛된 문장을 꾸민다.
5. 편지에 재주를 부리고 거문고와 술로 하루하루를 보내면서 스스로 맑은 운치라고 일컫는다.
6. 한가로운 사람들을 모아 바둑을 두고, 종일 배부르게 먹으면서 단지 남과 경쟁만 하려 한다.
7. 부귀를 부러워하고 빈천을 싫어하며, 나쁜 옷과 나쁜 음식을 몹시 부끄러워한다.
8. 욕심에 절도가 없어 이를 절제하지 못하고, 재물과 여자를 꿀맛처럼 좋아한다.

습관이 마음을 해치는 것이 대개 이와 같으니 그 나머지는 이루 말할 수가 없다. 습관으로 인해 뜻이 견고하지 못하고 행동이 깊지 못하니 오늘 한 일을 내일 고치기 어려워 결국 그 행동을 되풀이하게 된다.

그러므로 반드시 용맹스러운 뜻을 굳게 하여 마치 단칼에 뿌리를 잘라버리듯 마음을 깨끗이 씻어서 조금도 남는 것이 없도록 하라. 항상 맹렬하게 반성하여 마음에 지난날의 더러움이 한 점도 없게 해야만 비로소 학문을 진보시키는 공부라고 할 수 있을 것이다.

현명한 부모는 자식을 가두지 않는다

안으로 훌륭한 부모 형제가 없고
밖으로 엄한 스승과 친구가 없이
무엇인가 성취한 사람은 드물다.
(訓子-5 · 여형공)

전국시대의 유학자로서, 덕이 없는 군주는 쫓아내도 된다는 왕도정치王道政治로 뭇 제후들을 질타했던 맹자는 공자와 마찬가지로 어렸을 때 아버지를 여의고 엄격한 어머니 밑에서 공부를 했다.

언젠가 나이가 들어 집을 떠나 멀리 유학을 갔던 맹자가 갑자기 집으로 되돌아왔다. 타향살이를 하다보니 집이 그리웠고, 또 공부에 지친 탓이었다. 그때 맹자의 어머니는 베틀에 앉아 베를 짜고 있다가 집안에 들어오는 맹자를 보고 대뜸 물었다.

"공부는 다 이루었느냐?"

"아직 다 이루지 못했습니다."

이 말을 들은 어머니는 옆에 있던 칼을 들어 짜고 있던 베를 단숨에 베어버렸다. 이런 어머니의 갑작스런 행동에 맹자가 아연실색한 표정을 짓자 그녀는 냉랭한 목소리로 이렇게 나무랐다.

"네가 공부를 마치지 못하고 집에 돌아온 것은 내가 베를 짜다 이렇게 잘라버린 것과 다름이 없다."

어머니의 단호한 훈계에 맹자는 정신이 번쩍 들었다. 그날로 유학지에 되돌아간 맹자는 더욱 열심히 공부하여 유학에 있어서 공자에 버금가는 인물로 추앙받기에 이르렀다. 이 모든 것은 어머니의 추상 같은 가르침이 없었다면 이루어지기 어려운 일이었다.

흔히 사람들은 자식에 대한 가르침을 이야기할 때 맹자의 어머니, 사임당 신씨, 한석봉의 어머니 등을 일컫는다. 이런 어머니들의 정성이 없었던들 어찌 맹자나 율곡 이이, 석봉 한호와 같은 대학자들이 있을 수 있겠는가.

교육에는 스스로의 노력과 환경도 중요하지만, 한 번의 단호한 훈계가 방심하던 마음의 중심을 찌르는 날카로운 침이 되기도 한다. 그러나 더 중요한 것은 그 충격을 견뎌낼 수 있는 당사자의 마음가짐이 아닐까 싶다.

사람의 마음은 항상 밖으로 나가려 한다. 그것은 직접적으로 호기심을 자극할 만한 것들은 문 밖에 있기 때문이다. 때문에 현명한 부모는 자식을 가두지 않는다. 다만 자신 안에 더욱 가치있고 흥미로운 명제가 있음을 깨우쳐줄 뿐이다.

새끼새는 본능적으로 날고 싶어한다. 하지만 벌레를 잡을 능력이 없으면 아무리 풍요로운 들판에 나가더라도 굶어죽게 마련이다. 어찌 이런 이치를 모르랴만 아직도 많은 부모들이 날개가 채 마르지 않은 자식들을 유학이니, 연수니 하면서 거친 황야로 내몰고 있으니 안타까운 일이 아닐 수 없다.

맹자는 전국시대 제자백가의 한 사람으로 공자에 버금가는 추앙을 받고 있는 유학자다. 그의 사상은 인의설仁義說을 기초로 한 성선설性善說인데, 그로부터 왕도정치의 대의를 확립했다.

공자의 인仁의 사상은 육친 사이에 생기는 자연스러운 사랑의 정을 널리 사회에 펼치려는 것으로, 이런 경우 먼 쪽보다는 친근한 쪽이 더 정이 간다는 것은 당연시되었다. 이는 곧 가족 제도에 입각한 차별적인 사랑인 것이다.

맹자도 이를 받아들여 인애의 덕을 주장하는 한편, 그 실천에 있어서는 현실적인 분위기에 따른 태도를 결정하는 의義의 덕을 주창했다.

'인은 사람의 마음이요, 의는 사람의 길'이라는 바탕에서 도덕을 강조한 것이다. 바로 여기에서 맹자의 성선설이 비롯되었다. 인간의 본성에는 물론 악한 본성도 있지만 선함을 강조함으로써 사람들에게 선한 의욕을 조장하려 한 것이다.

자식 사랑하는 마음이 깊을수록…

아이를 사랑하거든 매를 많이 주고,
아이를 미워하거든 먹을 것을 많이 주라.
(訓子-9)

　조선 선조 때의 선비 홍성민은 어려서부터 예의가 곧았는데, 일찍이 아버지를 여의고 숙부에게서 글을 배웠다. 어느 날 공부를 하는 도중에 함께 글을 읽던 사촌이 잘못하여 종아리를 맞았다. 이것을 본 성민의 눈에서 닭똥 같은 눈물이 뚝뚝 떨어졌다. 숙부가 이상히 여겨 까닭을 묻자 그는 이렇게 대답했다.
　"제가 공부를 시작한 지 몇 달이 되었는데도 아직 종아리 한 번 맞아본 적이 없습니다. 이는 제 아버지가 안 계시기 때문이라 생각하여 절로 눈물이 나왔습니다."
　이에 숙부가 감동하여 가르침에 더욱 열성을 기울였다. 훗날 그가 등과하여 조정에서 일하던 중 사신으로 중국에 다녀왔다. 임금이 중국 조정의 동향을 묻자 그는 이렇게 말했다.

"황제가 조회하는 날, 바른말 하는 자를 벌주는데도 직간하는 신하들이 줄을 이었습니다. 우리 조정에서도 비록 간언하는 사람을 우대한다고 했지만 실로 바른말 하는 사람을 보지 못했습니다. 하오니 전하께서 간언을 들으며 겉으로 용납하는 체해도 마음속으로 용납하지 않으시면 그 죄가 매를 치는 것보다 더 심한 처사가 아니겠습니까?"

이 말에 단하에서 도열해 있던 신하들이 모두 목을 움츠렸다.

자식을 사랑하는 마음이 깊을수록 부모는 그 자식을 훌륭하게 키우고자 한다. 그러므로 허튼 것에 미혹되지 않고 나쁜 길로 빠지지 않도록 회초리를 들게 된다. 하지만 사랑이 없는 자식이라면 무관심해지거나 귀찮게 생각하여 먹을 것을 주면서 회유하고 마는 것이 사람의 성정이다.

그러나 오늘날에 이르러서는 자식 사랑이란 떡 하나를 주는 것인 줄 알고 회초리를 드는 스승을 원망하는 일이 비일비재하니 참으로 안타까운 일이다. 조선 영조 때의 선비 이덕무의 저술을 보면 다음과 같은 탄식이 나온다.

내가 일찍이 남의 부탁을 받아 수십 명의 아이들을 가르쳤지만 성취한 이가 적었으니 그것은 모두가 부형父兄의 지나친 사랑에 연유

한 것이다.

처음에는 비록 신신부탁을 하고 행여 엄하게 통솔하지 않을까 염려하더니, 만일 매를 들면 크게 괴이한 일로 여기고, 아이도 스승을 배반하고 가버린다.

그러므로 비록 엄한 스승이 있더라도 어진 부형이 없으면 어질지 못한 자제는 금수처럼 되어 못할 짓이 없을 것이니, 그것은 스승의 허물이 아니라 바로 부형의 무식 때문이다.

그는 또한 "원숭이에게 나무 오르는 일을 가르치지 말라. 진흙에 진흙을 붙이는 격이다"라 하며, 부모들이 자기 아이들의 재주를 함부로 자랑하거나, "애는 머리가 좋으니 훗날 큰 인물이 될 것이다"라는 등의 허튼 덕담을 늘어놓지 말라고 강조한다. 그것은 아이의 마음속에 방자한 기운이 깃들이면 장차 교만해져 지식이 악행의 도구가 되기 쉽다는 것이다.

과연 이런 선인들의 말씀은 오늘날의 교육 환경에 비추어보아도 틀린 것이 전혀 없어 보인다.

효도하는 자식 하나면 충분한 것을

집안이 화목하면 가난도 달갑지만
의롭지 못하면 부유한들 무엇하리오.
효도하는 자식 하나면 충분한 것을
자손이 많아서 무엇하겠는가.

(省心 · 上-2)

추본성은 명나라 말기의 단양 사람이다. 어머니는 일찍 돌아가시고 홀로 남은 아버지는 술을 즐기는 위인이라 가정을 돌보지 않았다.

본성의 아내 속씨는 부지런히 길쌈을 하여 살림을 도왔으며, 본성은 농사를 짓는 와중에도 뽕나무를 가꾸고 가축도 길렀으며 틈틈이 물고기를 잡아서 늙은 아버지를 봉양했다.

매일 아침에는 채소 반찬으로 정갈하게 밥상을 차리고 낮에는 잘게 썬 회와 연한 고기를 드렸으며, 저녁에는 따뜻한 술에 안주를 갖추어 아버지에게 마시기를 권했다. 그러곤 곁에서 부드러운 얼굴로 술잔을 따라드렸다. 아버지가 취하여 노래를 부르다가 다 끝나면 대야를 받들어 얼굴을 씻어드린 다음 부축하여 잠자리에 들게 했다.

밤에는 이불을 덮어드리고 휘장을 내렸으며, 아버지가 잠이 든 뒤에는 병풍 뒤에 서 있다가 코고는 소리를 듣고서야 물러나왔다.

새벽에 첫닭이 울면 즉시 일어나 아버지 곁으로 가서 모셨으며, 언제나 제철에 맞는 신선한 과일을 준비했고, 시장에서 아버지가 좋아할 것 같은 물건을 발견하면 무슨 수를 써서라도 사다 드렸다.

본성은 세금을 내거나 반찬을 사는 일 아니면 되도록 시장에 나가지 않았고, 농사와 나무하는 일이 아니면 아버지의 곁을 떠나지 않기를 30년 동안 조금도 게을리 하지 않았다.

마침내 아버지가 세상을 떠나자 본성은 몹시 슬퍼한 나머지 뼈만 앙상하게 남았고, 늙도록 아버지를 그리워했으므로 세상 사람들이 모두 탄복했다.

『유계외전』에 나오는 효자 추본성의 이야기다.

집안의 화목은 효도로부터 나온다. 옛사람들은 효도란 모든 일의 근본이요, 토대라고 생각했다. 그리하여 "기회를 얻은 것은 지리의 이로움을 얻은 것만 같지 못하고, 지리의 이로움이 인화만 하지 못하다"라고까지 했던 것이다.

우리 주변에는 친한 친구에게 자기 집안의 불미스런 이야기를 털어놓으면서 "우리는 한가족과 같으니까 말하는 거야"라고 하는 사람이 있다.

이는 참으로 주객이 전도된 경우라 하지 않을 수 없다. 어찌 자기 집안도 다스리지 못하는 사람이 도리어 남을 보고 한집안과 같다고 할 수 있겠는가. 이것은 하늘을 보고 침을 뱉는 것과 하등 다름이 없다.

가난하더라도 가족들이 서로 존경하고 감싸준다면 그것이 최상의 행복이다. 부유하면서도 식구들이 서로 반목한다면 어찌 사는 재미가 있다고 하겠는가. 집안에 정성스런 사람이 하나라도 있는 것이 그만큼 좋은 것이다.

배우는 아이들의 경계 17조목

「소아수지」

1. 교훈을 지키지 않고 다른 일에 마음을 쏟는다.
2. 부모가 명령하는 것을 즉시 시행하지 않는다.
3. 형과 어른을 공경하지 않고 사납고 어긋나는 말을 한다.
4. 형제간에 서로 사랑하지 않고 분쟁을 일삼는다.
5. 음식을 다투어 빼앗아 먹고 서로 양보하지 않는다.
6. 남을 업신여기고 다툰다.
7. 서로 경계하는 말을 받아들이지 않고 도리어 원망하고 노여워한다.
8. 손놀림이 단정하지 못하고 아무 곳에나 기대어 비스듬히 앉는다.
9. 걸음걸이가 경솔하고 뛰어넘어 다닌다.
10. 장난을 좋아하고 희롱과 우스갯소리를 일삼는다.
11. 유익함이 없고 상관없는 일을 좋아한다.
12. 일찍 자고 늦게 일어나며 게을러서 글을 읽지 않는다.
13. 글 읽을 때에 서로 쳐다보고 잡담을 한다.
14. 방심하여 곤히 잠자고 낮에도 역시 앉아서 존다.
15. 자신의 단점을 옹호하는 말이 많고, 이로 인하여 말과 사실이 다르다.
16. 한가로운 사람 대하기를 좋아하여 잡설이 많고 공부를 게을리 한다.
17. 어지러운 글씨로 종이를 더럽힌다.

이것은 아이들을 키우면서 반드시 관찰하여 바로잡아야만 하는 사항이다. 책에서는 아이들이 아래의 내용을 지키지 않았을 때 그 죄가 무거우면 한 번의 잘못이라도 벌을 의논하고, 죄가 가벼우면 세 번째부터 벌을 의논하라고 일렀다.

가을이 오면 겨울이 다가옴을 알라

정도에 벗어나는 즐거움을 누렸다면
뜻하지 않게 다가올 근심에 대비하라.
(省心 · 上-4)

조선 인조 때 충익공 이시백의 집 정원에 '금사낙양홍'이라는 아름다운 꽃나무가 있었다. 그런데 어느 날 궁궐에서 사람이 나와 그를 보고 말했다.

"폐하께서 이 꽃의 소문을 듣고 보고자 하시니, 나무를 캐어 궁궐 안에 옮겨 심고자 합니다. 허락해주십시오."

이 말을 듣자마자 이시백은 꽃나무를 뿌리째 뽑아서 꺾어버리고는 눈물을 흘리면서 이렇게 탄식했다.

"오늘날 우리나라의 형편이 아침저녁을 보존하기 어려운데 폐하께서는 어찌하여 어진 사람을 구하진 않고 한낱 꽃나무를 찾으신단 말이냐. 나는 차마 이 꽃을 가지고 임금의 사랑을 받으며 나라가 망하는 꼴을 보고 싶지 않다."
　이 말을 전해들은 임금이 시백의 높은 의기를 칭찬하면서 스스로를 반성했다고 한다.

❋

　원나라의 명재상이었던 야율초재는 "한 가지 이익을 보는 것은 한 가지 해를 제거하는 것만 못하다"라고 말했다.
　이익에는 반드시 대가가 따른다. 그러므로 성공보다는 성공을 지키기가 어렵고, 실패보다는 그 실패를 극복하기가 더 힘든 법이다. 따라서 영국의 토머스 박스톤 경은 이렇게 소리높여 강조했다.

　성공의 길은 급진적인 것이 아니라 점진적인 것이다. 그것은 한 계단씩, 조금씩, 하나씩 정복해 나가는 것이다. 그것이 바로 재산을 얻는 길이요, 지혜를 얻는 길이요, 바로 영광을 얻는 길이다.

　그의 표현대로 작은 승리에 도취하는 사람은 일찍이 그 안에 웅크리고 있던 실패의 씨앗이 싹을 틔우고 있음을 알지 못한다. 기실 실패는 승리로부터 오고, 승리는 실패로부터 오는 것이기 때문이다.
　함부로 축배를 들지 말라. 그렇다고 쉽게 포기하지도 말라. 우리들이 올라가야 하는 목표는 천길 낭떠러지 끝에 있는 정상이 아니다. 꿈꾸었던 희망의 집을 지을 수 있는 평화로운 동산일 뿐이다.

어떤 사업을 도모하는 과정에서 회복하기 힘든 절망적인 상황에 부닥쳤을지라도 정신만 똑바로 차리면 극복할 수 있다. 그것은 인생을 가로막는 절벽이 아니라 조금만 땀을 흘리면 캐낼 수 있는 작은 돌부리에 불과하다.

현명한 사람은 작은 성공이나 실패에 마음이 흔들리지 않는다. 다만 자신을 관조하며 때때로 일어나는 마음의 파문을 줄이기 위해 힘쓸 뿐이다. 다음의 경구를 가슴속에 담아두자.

쇠락해가는 모습은 곧 번성함 속에 있고, 피어나는 움직임은 곧 시들어 떨어지는 속에 있다. 그러므로 군자는 편안할 때는 마땅히 마음을 바르게 지킴으로써 후환을 걱정하고, 변을 당했을 때는 마땅히 굳게 백 번을 참음으로써 성공을 도모해야만 한다.

강물은 바다로만 흐르지 않는다

사랑받고 있을 때는 버림받을 때를 생각하고,
편안하게 지내고 있을 때는 위태로움을 생각하라.
(省心·上-5)

유방이 항우를 물리치고 중국을 통일한 뒤 대장군 한신을 대접하여 초나라의 왕으로 봉했다. 그때 한신은 초나라 땅에서 예전에 항우의 장수로 끝까지 용맹을 떨치며 유방을 괴롭혔던 종리매를 친구로서 돌보아주고 있었다.

이 사실을 알게 된 유방은 예전에 종리매 때문에 고생했던 생각이 나서 노발대발하면서 한신에게 당장 종리매를 체포하여 압송하라고 명령했다. 그러나 한신으로서는 종리매와의 교분 때문에 차일피일 미루며 유방의 마음이 바뀌기를 기다렸다.

이에 유방은 능히 백만대군을 통솔할 수 있는 한신이 혹시 자신에게 반역을 꾀하는 것이 아닐까 하는 의심을 품게 되었다. 그리하여 이번 기회에 한신을 제거하기로 마음먹었다.

때를 기다리던 유방은 마침내 진평의 계책에 따라 각처의 제후들에게 자신이 운몽호땅으로 곧 여행을 갈 것이니 모두 초나라의 진땅으로 모이라고 명령했다. 그곳에 한신이 나타나면 간단히 체포할 요량이었던 것이다.

한신은 이런 유방의 계책을 꿰뚫어보고 있었다. 하지만 자신이 큰 죄를 저지른 것도 아니고, 반역을 도모한 것도 아니라는 생각에 순순히 그곳에 가려고 했다.

그런데 부하 중의 한 사람이 이런 때에 종리매의 목을 가지고 가면 황제의 의심을 씻을 수 있을 것이라고 부추겼다. 이 말을 듣고 한신은 고민하던 끝에 종리매를 만나 사정을 털어놓았다. 그러자 종리매는 한신의 우유부단함을 비웃으며 소리쳤다.

"유방이 당장 초나라에 쳐들어오지 못하는 것은 자네와 내가 있기 때문일세. 내 목이 필요하다면 당장 주겠네. 하지만 명심하게. 지금 내가 죽으면 자네 역시 살아남기 힘들 걸세."

초나라의 패장으로 더 이상 갈 곳이 없었던 종리매는 이 말을 남기고 자결해버렸다. 이에 한신은 종리매의 목을 들고 유방을 찾아가 자신의 충성이 변치 않았음을 증명해 보이려 했다. 하지만 유방은 종리매의 목은 쳐다보지도 않고 한신을 역적으로 몰아 포박해버렸다.

그때 한신이 분개하여 이렇게 소리쳤다.

"교활한 토끼를 잡고 나면 좋은 사냥개는 삶아먹히고, 높이 나는 새를 잡고 나면 좋은 활은 감추어지며, 적국을 쳐부수고 나면 부하는 버림을 받는다더니, 그 말이 하나도 틀림이 없구나. 천하가 이미 평정되었으니 이제 나는 삶아죽겠구나."

그러나 유방은 한나라를 세우는 데 큰 공을 세웠던 옛정을 생각하여 한신을 단숨에 죽이지는 않았다. 한신을 회음후로 봉하여 장안에 머물게 했던 것이다. 하지만 한신은 결국 종리매의 예언대로 얼마 지나지 않아 목숨을 잃고 말았다.

『장자』에 다음과 같은 말이 있다.

통발은 물고기를 잡는 도구이니 물고기를 잡고 나면 그것은 잊어버린다. 덫은 토끼를 잡는 도구이니 토끼를 잡고나면 잊어버린다. 말[言]이란 뜻을 전달하는 도구이니 뜻을 전달하고 나면 이내 잊는다. 내 어찌 말을 잊은 사람을 만나 더불어 이야기할 수 있겠는가.

또 『전등록』에도 이런 기록이 있다.

뜻을 얻고 나면 말[言]은 잊는다. 이치를 깨닫고 나면 가르침은 잊는다. 물고기를 얻고 나면 통발을 잊고 토끼를 잡고 나면 덫을 잊는 것과 같다.

곧 근본을 얻고 나면 그 수단에 구애받지 말아야 한다는 뜻이다. 하지만 이 말은 역사 속에서 "목적이 달성되면 함께 했던 사람이나 사물의 덕을 잊어버린다"라는 의미로 쓰이고 있다.

조직 속에서 유능한 부하는 늘 교활한 지도자에게 이용당한다. 지도자가 목표를 향하여 진군할 때는 온갖 미사여구를 동원하여 부하의 능력을 최고한도로 발휘하도록 독려한다.

그러나 막상 목표가 달성된 뒤 자신의 자리가 위협받는다 싶으면 어떤 구실을 붙여서라도 쫓아내고 만다. 서글픈 현실이지만 일인자의 자리는 인간을 비정하게 만든다.

난세에 필요한 인물과 평화시에 필요한 인물은 다르다. 난세에 영웅이 나오지만 태평성대에는 영웅이 필요없다. 오히려 힘있는 신하는 나라를 다스리는 데 짐이 된다.

이런 까닭에 일찍이 조선의 태종은 함께 혁명을 도모하였던 개국공신들을 모조리 숙청하여 왕위를 안정시킨 다음 셋째아들 세종에게 태평성대의 임무를 맡기지 않았던가.

정의를 일컬어 흐르는 물같이 냇물에서 강으로 바다로 흘러가는 식이라는 생각은 순진한 오산이다. 예나 지금이나 현실은 비정하다. 그러므로 잠시라도 게으름을 피워 자신을 끊임없이 재충전하지 않는다면 아무리 백만대군을 호령하던 한신 같은 인물일지라도 한순간에 몰락당하기 십상이다.

진정으로 의리있는 인물이라면 함께 일을 도모했던 동지를 버려서는 안 되지만 세상 정리는 이렇듯 다르다. 때문에 인간사에는 기쁜 일보다는 고통스러운 일이 많고 성공보다는 실패가 많다. 하지만 사람이란 그 잠깐의 희열이 있기에 고통을 이겨낼 수 있는 것이다.

오늘의 역리逆理라고 생각되는 것이 내일의 순리順理가 될 수 있다는 초월적인 사고를 항상 견지해야만 한다. 강물은 반드시 바다로만 흐르지 않는다. 따라서 언제나 마음속에는 위험에 대비하는 지혜를 가져야 한다는 의미다.

현재를 보면 과거를 알 수 있다

맑은 거울은 모습을 살펴보는 수단이고
지나간 날들은 현재를 알아보는 길이다.
〈省心·上-10·공자〉

당나라의 6대 황제 현종은 27세 때 즉위하여 44년 동안 대륙을 통치했다.

젊은 날의 그는 매우 영특하고 결단력이 뛰어나 태평성대를 이끌었으므로 후세 사가들이 '개원開元의 치세治世'라고 일컬을 정도였다. 특히 현종은 신하들의 의견에 귀를 기울여 정사에 반영했는데, 충언과 간언을 잘 가려내는 분별력이 있었다.

언젠가 재상 요숭이 말단 관리의 인사에 대하여 어떻게 처결할 것인가를 묻자 황제는 궁궐의 지붕을 쳐다보면서 아무런 대꾸도 하지 않았다. 이에 머쓱해진 요숭이 물러나자 곁에 있던 신하가 물었다.

"어찌하여 재상의 물음에 고개를 돌리셨습니까?"

그러자 현종은 이렇게 대답했다.

"내가 요숭에게 정사의 대부분을 위임하고 있는데, 나라의 중요한 일이라면 모르겠지만 어찌 말단 관리의 인사 따위에 내가 간섭할 수 있겠느냐?"

이 말을 전해들은 사람들은 하나같이 황제의 덕을 칭송했다. 당시 조정에는 한휴라는 재상이 있었는데, 그는 아무리 황제라 할지라도 도에 지나친 행동을 하면 망설임없이 직언을 퍼부었다. 현종은 이런 한휴의 시선을 부담스러워한 나머지 행동거지를 조심했다. 한 신하가 이런 현종의 마음을 알아채고 은근한 말투로 한휴를 내칠 것을 건의했다.

"폐하, 한휴를 재상으로 삼은 뒤로 많이 야위셨습니다."

그러자 현종은 이렇게 대답했다.

"한휴 덕분에 짐은 말랐지만 천하는 살쪘다. 그러니 그대는 상관하지 말라."

이렇게 현명했던 현종도 나이가 들자 마음이 게을러져서 정사를 소홀히 하게 되었다. 긴장이 풀어진 현종은 천하절색 양귀비와의 사랑에 흠뻑 빠져버렸다.

제왕이 주색에 기울어지면 자연 충신들을 멀리하고 간신배들이 득세하게 되는 법이다. 그 결과 각처에서 대규모의 반란이 일어나고 백성들의 생활은 도탄에 빠져 마침내 왕조 자체가 흔들리는 지경에 이르렀던 것이다.

❋

그 사람의 현재를 보면 그 사람의 과거를 알 수 있다. 거지에게는 거지가 된 이유가, 황제에게는 황제가 된 이유가 분명히 있는 것이다. 그러므로 애써 남의 허물을 찾으려 하지 말고 긍정적인 면을 우러러보며 부족한 자신을 반성해야 한다. 『맹자』에는 증자가 제자인 자양에게 한 질문이 담겨 있다.

그대는 용기를 좋아하는가? 내가 일찍이 선생님에게 큰 용기에 관하여 들었는데, 스스로 반성하여 올바르지 못하다면 비록 갈포(칡의 섬유로 짠 베)옷을 입은 비천한 사람과 대적하여도 내가 그를 두려워하게 할 수 없고, 스스로 돌아보아 정직하다면 비록 수천이 되는 사람과 대적하더라도 나는 나아갈 수 있다고 하셨다.

사람의 행동에 밝은 면이 있다면 분명히 어두운 면도 있다. "원인 없는 결과란 없다"란 말이 있듯이, 오늘 내가 끼니를 이었다면 누군가 한 끼를 굶는 사람이 있으며, 오늘 날씨가 맑다면 구름이 있는 저편에서는 반드시 비가 내릴 것이다. 지금이 한낮이라면 지구 반대편은 칠흑의 어둠이 아니겠는가.

스스로 떳떳한 사람은 이런 이치를 깨닫고 자신에게 어떤 오해나 질시가 몰아닥치더라도 두려워하지 않는다. 실로 오이밭에서 신을 고쳐 신고, 오얏나무 아래서 모자를 고쳐 쓰더라도 무엇이 두렵겠는가.

나를 알지 못하는 사람에게 굳이 가르치려 하지 말며, 나를 아는 사람에게 굳이 감추려 하지 말자. 올곧은 사람은 비록 천만 명이 적대시한다 해도 고개를 꼿꼿이 들고 어깨를 활짝 펴는 법이다.

나의 눈으로 나를 보라

하늘에는 예측 못 할 바람과 비가 있고,
사람에게는 아침저녁으로 화와 복이 있다.
(省心·上-13)

송나라 때의 일이다. 국경 근처의 마을에 조씨라는 사람이 살고 있었는데, 마음이 곧고 선하여 마을 사람들의 존경을 한몸에 받았다.

어느 날 그 집에서 키우던 검은 암소가 흰송아지를 낳았다. 사람들은 집주인이 선량하고 좋은 사람이라 하늘이 복을 주려는 길조라고 여겼다. 그런데 어찌된 일인지 며칠 뒤 조씨의 눈이 멀어버렸다.

몇 달 뒤 이 암소가 또다시 흰송아지를 낳았다. 그러자 이번에는 그 아들마저 장님이 되어버렸다. 사람들은 이처럼 덕을 쌓은 집안이 엄청난 비극을 당하자 하늘이 무심하다고 탄식을 했다. 하지만 두 부자는 아무렇지도 않은 듯이 평소처럼 선한 마음을 잃지 않고 살았다.

그해 겨울이었다. 인접국인 초나라가 대군을 이끌고 송나라를 침입해왔다. 그리하여 마을의 청년들은 모두 병사로 뽑혀나가 전장에서 죽고, 마을의 건강한 사람들은 초나라 군사들의 칼날에 베어졌다. 하지만 잔혹한 초나라 군사들도 장님 부자가 사는 집만은 불쌍히 여겨 건드리지 않았다.

마침내 전쟁이 끝나자 마을에서 살아남은 남자는 장님 부자밖에 없었다. 그리고 얼마 뒤 신기하게도 아버지와 아들의 눈이 밝아졌다.

『열자』에 실려 있는 기이한 이야기다. 진실로 인간의 길흉화복은 하늘에 달려 있어 함부로 점치기 어렵다는 뜻을 담고 있다.

인간사는 참으로 변화무쌍해서 초월의 마음가짐이 없다면 대응하기가 힘이 든다. 이런 까닭에 노자는 자신을 찾아온 공자에게 이렇게 말했다.

풀을 먹는 짐승은 수풀이 바뀌어도 고통스러워하지 않고, 물에 사는 벌레는 다른 물로 옮기는 것을 고통스러워하지 않는다. 곧 환경이 조금 바뀌어도 생활의 기본 조건을 잃지 않았기 때문에 희노애락의 감정을 마음속에 들이지 않는 것이다.

무릇 이 세상은 모든 것이 하나로 모여드는 곳이니 그 하나로 모이는 것을 깨달아, 그와 함께 하면 이 육체도 티끌이나 때처럼 여겨지며, 죽음과 삶, 끝과 시작도 낮과 밤의 교대처럼 여겨져서 아무것도 마음을 어지럽히지 못할 것이다. 하물며 세속의 득실화복得失禍福 따위가 끼어들 수 있겠는가.

노자는 인간이 무위無爲 자연의 경지에서 노닐면 더없는 행복을 맛보게 된다면서, 자연과 합일된 극치의 삶을 동물이나 물고기의 예를 들어 말한 것이다.

대개 사람들은 주변 여건이나 생활 환경이 바뀌면 우왕좌왕 갈피를 잡지 못하지만 자연의 변화에 동화되어 살아가는 사람은 어떤 상황에서도 중심을 잃지 않고 편안함을 느낄 수 있다는 뜻이다.

이런 경지에 다가가려면 우리는 늘 관조하는 습관을 가져야 한다. 이것은 방관자가 되라는 말이 아니라 자신조차 객관화시켜야 한다는 말이다.

지금 나는 어떤 모습인가. 나의 눈으로 나를 들여다보라. 그러면 실체가 보이고 나아가야 할 행로가 보일 것이다.

믿음이 곧 인재를 만든다

의심스러운 사람이면 쓰지 말고,
일단 사람을 쓰거든 의심하지 말라.
(省心·上-17)

인물을 관찰할 때는 다음과 같이 하라.
첫째, 진실되게 관찰하라. 둘째, 그 사람의 의지를 관찰하라. 셋째, 그 사람의 중심을 보라. 넷째, 그 사람의 표정을 살펴보라. 다섯째, 그 사람의 드러나지 않은 부분을 찾아보라. 여섯째, 그 사람의 덕을 헤아려보라.
부유하고 귀한 사람에게는 예절이 있는가를 보고, 가난한 사람에게는 덕성이 있는가를 살펴보라. 총애를 받는 사람은 교만하거나 사치한가를 보고, 뜻을 얻지 못한 사람은 두려움이 있는가를 보아야 한다.
나이 어린 사람은 학문을 좋아하며 어른에게 공손한가를 살피고,

장년은 결백하고 청렴하여 행동에 힘쓰고 공사公私의 구분이 있는가를 살펴야 한다.

노인은 생각이 신중하고 빈틈이 없어 그 부족한 바를 힘써 넘지 않는가를 보고, 형제간에는 화목과 우애가 있는가를 보아야 한다.

의지가 깊고 단단하며 그 기가 관대하고 부드럽고, 그 예는 남을 앞서고, 그 말은 남에게 뒤지며 자신의 미흡한 바를 나타내는 사람은 날마다 더욱 발전할 사람이다.

다른 사람에게 성내고 잘난 체하며, 말로써 무지를 가리고 자신을 자랑하는 사람은 날마다 더욱 손해를 끼칠 사람이다.

용모가 곧고 업신여기는 일이 없으며, 말이 바르고 공정하며, 자신을 꾸미지 않고, 단점을 숨기지 않으며 잘못된 점을 가리지 않는 사람은 본바탕이 있는 사람이다.

용모를 꾸미고 말이 교묘하며 출신 지방을 속이거나 사소한 일에 힘쓰고 그 까닭을 애써 변명하는 사람은 본바탕이 없는 사람이다.

어떤 경우에도 빠르게 결단을 내리고, 갑작스런 일을 당해도 놀라지 않고 대처하며, 배우지 않고도 능히 잘못을 분별할 수 있는 사람은 사려가 깊은 사람이다.

물건을 보내지 않는 것이 좋은데도 일부러 보내고, 말하지 않는 것이 좋은데 일부러 말하고, 모든 일의 단초만을 좇으며, 괴로우면서도 멈출 줄을 모르고 분별없이 스스로 근심하는 사람은 어리석은 사람이다.

경영의 위기를 두려워하지 않고, 갑작스런 일에 놀라지 않으며, 누군가 억지로 의를 내세워도 흔들리지 않고, 재물과 색으로 유혹해도 흔들리지 않는 사람은 청렴하고 과감한 사람이다.

말을 쉽게 바꾸고, 자신의 뜻을 지키지 않으며, 자신이 승낙하고도 결단을 머뭇거리는 사람은 의지가 약한 사람이다. 순종하여도 기뻐하지 않고, 그것을 빼앗지 않으면 성내지 않고, 잔잔한 마음으로 말을 아끼며 생각함이 많고 검소한 모습을 견지하는 사람은 바탕이 고요한 사람이다.

말을 가려 하지 않고, 도가 있어도 먼저 괴로워하고, 스스로 삼가지만 다가오는 미혹을 사양하지 않으며, 욕망에 따르는 것을 당연히 생각하는 사람은 남을 미워하고 속이는 사람이다.

작은 뜻을 키워 크게 계발하고, 헤아려 살피는 것에 전심을 다하는 사람은 자신을 다스릴 줄 아는 사람이다.

주나라의 문왕이 중신들에게 관리를 쓰는 데 있어 인물 판정의 기준을 설명한 『문왕관인』의 일절이다.

예나 지금이나 관리를 선발하는 데 있어서 무엇보다도 청렴하고 공정한 사람을 선택해야 하는 것이 기본이다. 그러므로 그 사람의 심성을 관찰하고 덕이 있는가, 학문에 성실한가, 집안의 분위기는 어떠한가 등등을 다방면에서 검토하고 과연 백성을 위해 심신을 바칠 수 있는 인물인가를 결정한다.

일상에서 우리는 대화를 통하여 인물의 성향을 파악할 수 있지만 그리 명확하지는 않다. 아무래도 주관적인 시선으로 바라보기 때문이다. 그러므로 객관적인 기준을 가지고 있는 것이 좋다.

그렇게 되면 상대방을 첫만남에서부터 발전적인 인물인지 우유부단한 인물인지 등을 판단할 수 있기 때문에 어떤 일을 도모하는 데 있어 크게 유익할 것이다.

그러므로 윗글은 고대의 공인 판정 기준이지만 불특정 다수와 어우러져 관계를 꾸려나가야 하는 현대인들에게 시사하는 바가 크다.

도무지 알 수 없는 사람의 마음

호랑이를 그릴 때 가죽은 그려도 뼈는 그리기 힘들다.
사람을 안다 해도 얼굴은 알아도 마음은 알 수 없다.
(省心 · 上-19)

 한 사람의 마음이 사건을 만들고, 한 사람의 마음이 시대를 인도하는 것일까. 조선시대 성종 9년, 때아닌 하늘에서 흙비가 내렸고 민간에 화재가 일어나 한양의 민심이 온통 어수선했다. 사람들은 임금이 정치를 잘못해서 일어난 재난이니 그 잘못을 찾아 고쳐야 한다는 상소문을 거듭 올렸다.
 그때 척신이었던 임사홍은 "흙비와 화재는 우연한 현상일 뿐인데 왜 임금이 책임을 져야 하는가"라고 주장하면서 임금과는 관계 없는 일이라며 사람들의 주장에 맞섰다.
 사실 임사홍의 말은 틀림이 없었다. 가뭄과 홍수는 해마다 있는 일이고 일식과 월식도 주기적인 현상이었다. 당시 조선의 천문학 수준으로는 일식, 월식, 혜성 등이 특별한 의미가 담긴 재난이 아니라는 사실 정도는 다들 알고 있었다.

하지만 이런 임사홍의 발언은, 천명을 받은 왕권을 부정했다는 의미에서 선비들에게는 용납될 수 없는 것이었다. 그리하여 신진 사림들로 채워진 홍문관, 예문관을 비롯하여 사헌부, 사간원까지 합세하여 대대적으로 임사홍을 탄핵했다. 이런 사태가 야기되자 유교적 현군이 되고자 했던 성종은 상소문에 밀려 임사홍을 파직시킬 수밖에 없었다.

"하늘의 뜻은 왕이 책임지지 않아도 된다"는 말 한마디가 고지식한 선비들로 하여금 임사홍을 천하에 다시없는 간신배로 낙인찍어버렸다. 역사는 돌고 도는 법, 이때 원한을 품은 임사홍은 훗날 연산군대에 유혈숙청인 사화를 일으켜 사림들에게 피의 복수를 감행했던 것이다.

"열 길 물 속은 알아도 한 길 사람 속은 모른다"란 말이 있다. 아무리 깊은 물이라도 그 안이 빤히 들여다보이지만 사람의 깊은 속마음은 함부로 예단할 수 없음을 이르는 말이다.

무릇 한 사람의 성정이나 그릇은, 그 사람의 행위는 물론이려니와 교우 관계를 바라보면 보다 어렴풋이 짐작할 수 있지 않을까 싶다. 까마귀는 까마귀와, 까치는 까치와 함께 어울리는 것이 인지상정이기 때문이다.

하지만 희대의 악한에게도 기꺼워하는 벗이 있고 붓다나 예수 같은 고귀한 성자에게도 원한을 품은 사람이 있었다. 우리가 어떤 인물을 평가하는 데 있어 이런 점을 간과해서는 안 될 것이다.

역사란 언제나 승자의 몫이다. 그리하여 충신으로 알려진 사람의 못된 일화는 숨기고 간신으로 알려진 사람의 선한 일화는 감추어진다. 일찍이 폭군으로 알려진 연산군이나 간신의 전형으로 일컬어지는 임사홍의 경우에도 마찬가지일 것이다.

선악의 개념은 한 시대, 한 지역의 도덕 관념에 따라 변화하게 마련이다. 그러므로 역사의 기록도 중요하지만, 그 이면에 담긴 교훈을 감지해내는 혜안을 가질 수 있도록 힘쓰자.

올바른 생각이 싹트려면

배부르고 따뜻하면 음탕한 마음이 생기고,
배고프고 추운 데서야 올바른 생각이 싹튼다.
(省心 · 上-25)

안현이란 선비는 홀로 조용한 집에 살면서 나쁜 옷과 맛없는 음식을 편안하게 여겼다.

어느 날 한 손님이 그의 집에 가서 음식 대접을 받았는데 잡곡밥에 아욱국뿐이었다. 마주 앉은 안현이 국맛도 보지 않고 밥을 말았다. 이에 손님이 국맛이 좋지 않으면 어쩌려느냐고 묻자 그는 태연하게 대답했다.

"국맛이 좋지 않아도 밥을 말아버리면 그냥 먹을 수밖에 없지 않은가?"

일찍이 "검소한 자는 자기 몸에 대하여 절약하기 때문에 항상 여유가 있어 남을 도와줄 수 있으나, 사치한 자는 자기 몸에 대하여 후하기 때문에 항상 부족해서 도리에 인색하다"란 말이 있는데 바로 그가 그러했다.

❀

 사람은 나태한 상태에서는 바른 생각이 나올 수 없다. 때문에 성현들은 배불리 먹는 것을 경계했고, 따뜻한 아랫목을 피했다. 절제하는 가운데 스스로의 부족한 부분을 깨닫고 채워가는 것이 진정한 배움의 자세라고 여겼던 것이다.
 선인들이 음식에 있어서까지도 스스로를 얼마나 단속했는지 보여주는 『식경』의 일절을 감상해보자.

 요즘 사람들은 일상생활에 절도가 없고, 먹어도 좋은 것과 먹어서는 안 되는 것을 판별할 줄 모른다. 또한 절제에도 마음을 쓰지 않아 식욕이 이끄는 대로 맛있는 음식을 탐하고 중용을 지키지 않는다. 그렇게 몸을 최고의 상태로 유지하지 않으므로 50세만 되면 노쇠해 버리는 사람이 많다.
 안락의 요체는 보양이다. 보양의 근본은 무엇보다도 중용이다. 중용을 지키면 절대로 병에 걸리지 않는다. 춘하추동의 네 계절에 음양의 기가 병을 일으키는 것은 지나치게 먹기 때문이다. 그리하여 그것이 성질에 적합하지 않으면 강해져버린다. 때문에 양생에 마음을 쓰는 사람은 과도한 소모에 의한 폐해를 입지 않는다.

또한 생명의 근원을 잘 지킨다면 외부에 있는 병의 원인이 몸안에까지 미치는 것을 왜 걱정하겠는가. 따라서 아무리 약을 먹어도 보양을 잘하는 것에 미치지 못하는 것이다. 섭생을 중요시하는 사람은 맛있는 음식을 탐하지 않고 쓸데없는 일에 신경을 쓰지 않으며, 정력을 축적하고, 쓸데없는 말을 삼가며, 이해득실을 따지지 않는다.

근심 걱정을 멀리하며, 망상을 없애고, 좋고 싫은 기분을 멀리하며, 눈에 비치거나 귀에 들리는 것을 조절하고, 마음을 견실하게 하며, 몸과 마음을 피곤하지 않도록 한다. 그렇게 편안해지면 어떻게 병이 침범할 수 있겠는가.

배가 고프기 전에 먹고, 먹을 때도 많이 먹지 않는다. 또 목이 마르기 전에 마시지만 지나치지 않는다. 식사는 한 번에 많이 먹지 않고 여러 번 나누어 먹는다. 배부름 속에 배고픔이 있고, 배고픔 속에 배부름이 있는 것이다. 지나치게 먹으면 위가 나빠지고, 굶주리면 원기를 잃으며, 배가 부르면 몸이 뜻대로 움직이지 않고, 누우면 여러 가지 병이 생기는 까닭이다.

그 사람을 보고 배운다

한 가지 일을 겪지 않으면
한 가지 지혜가 자라나지 않는다.
(省心·上-28)

제나라 환공이 재상 관중과 대부 습붕을 거느리고 변방의 고죽국을 정벌할 때의 일이었다. 금방 끝날 것같이 보이던 전쟁은 장기전으로 돌입했다.

어느 날 환공은 적병의 기습을 당해 깊은 산 속으로 쫓겨 들어가게 되었다. 그런데 그 산이 미로처럼 계곡과 계곡이 엉켜 있어 도저히 길을 찾을 수가 없었다. 그곳에서 머뭇거렸다가는 언제 지리에 밝은 적병에게 들켜 몰살당할지도 몰랐다. 화급을 다투어 산을 빠져나가야만 했던 것이다. 그때 경험 많은 재상 관중이 말했다.

"전하, 이럴 때는 늙은 말의 지혜를 써야 합니다."

그러곤 재빨리 말 중에 가장 늙은 말의 재갈과 고삐를 풀어주었다. 그러자 늙은 말은 제 스스로 산길을 헤치고 나가 본진이 있는 곳으로 인도했다.

또 한 번은 산 속을 헤매는 도중 물이 떨어져 다들 기갈이 들기 일보 직전이었다. 이번에는 습붕이 나섰다.

"전하, 개미는 겨울에 산의 양지쪽에 살고 여름에는 북쪽 그늘에 삽니다. 그리고 개미집이 땅 위 한 치 높이에 있으면 그 여덟 자 밑에는 반드시 물길이 있습니다."

습붕의 말대로 개미집을 찾아 땅을 파보니 과연 샘물이 솟아나와 환공은 위기를 극복했다.

경험의 중요성을 일깨우는 고사다. 관중과 습붕처럼, 지혜로운 사람도 모르는 것이 있으면 늙은 말이나 개미의 지혜를 빌리면서도 부끄러워하지 않았다.

뭔가 부족해 보이는 사람이라도 경험 속에서 깨우친 나름의 지혜가 있다. 겸손함이야말로 타인의 장점을 자기화시킬 수 있는 지름길이다. 실로 사람에게는 다양한 면면들이 있다. 또 그만큼 허점도 많다.

청렴한 사람은 마음이 지나치게 굳어 부드러움을 잃기 쉽고, 인정 많은 사람은 쉽게 남의 잘못을 지적하지 못하고 우물쭈물 하는 등, 어떤 결정을 함에 있어 우유부단한 면이 있다.

총명한 사람은 사소한 일에도 지나치게 따져 분위기를 어색하게 만들며, 강직한 사람은 다른 사람의 작은 실수조차 쉽게 용납하려 들지 않는 단점이 있다.

그러므로 진정으로 지혜로운 사람은 겸손하고 부드럽지만 명확하며 인정을 잃지 않는다. 그것은 마치 꿀로 만든 음식이라도 지나치게 달지 않고, 바다에서 나온 음식이 짜지 않은 것과 같은 이치다. 사람을 보고 사람을 배운다는 것이 이처럼 어렵다.

누가 나를 알아줄 것인가

사향을 지니면 저절로 향기 나는데
무엇하러 바람을 향해 서겠는가.
(省心·上-32)

한양 사람 이언진은 집안 대대로 역관 벼슬을 했다. 그는 매우 총명하여 책을 읽으면 눈을 스치고만 지나가도 놓치는 것이 없었다. 또 놋주발을 쳐 그 음향이 미처 가시기 전에 시 한 수를 지었으며, 글씨 또한 인쇄를 한 것처럼 매우 단정하고 빨리 썼다.

조선의 통신사가 일본으로 떠날 때 그는 서기로 선발되었는데, 함께 배를 탄 사람 중에 그를 능가하는 사람이 없었다.

당시에는 통신사가 일본에 가면 일본인들이 떼로 몰려들어 시문과 글씨를 써달라고 떼를 썼고, 느닷없이 수천수백의 시문을 내놓으며 화답해달라고 요구하곤 했다. 그런 터무니없는 요구에 우리 선비들은 골치를 썩이곤 했다.

이언진도 예외가 아니었다. 어느 날 일본인들이 몰려와 부채 5백 자루를 내놓으며 오언율시를 써달라고 했던 것이다. 그러자 언진은 그 자리에서 먹을 여러 되 갈아놓고 시구를 읊으면서 바로 글씨를 써주었는데 순식간에 5백 자루를 다 채웠다. 이에 일인들이 놀라 다시 5백 자루의 부채를 가지고 와서 말했다.

"공의 재주에 탄복을 금할 길이 없습니다. 괜찮으시다면 먼저 쓴 시를 똑같이 기억해낼 수 있으십니까?"

"물론이오."

말이 떨어지기가 무섭게 언진은 기억을 되살리며 다시 5백 자루의 부채를 채우니 한 구 한 자도 틀린 것이 없었다. 일본인들은 이 귀신 같은 능력에 혀를 내두르며 다시는 무리한 요구를 하지 않았다.

하지만 일본에서 얻은 언진의 명성은 신분 제도가 엄연한 조선땅에서는 아무런 쓸모가 없었다. 때문에 울화중에 걸린 그는 27세라는 나이에 숨을 거두었는데, 죽기 전에 자신의 시문을 모조리 불태우며 이렇게 탄식했다고 한다.

"이것들이 세상에 남은들 무슨 소용이 있는가. 이런 세상에 그 누가 있어 나를 알아줄 것인가?"

아내가 놀라 허겁지겁 불 속에서 시문을 꺼내려 했지만 손을 쓸 수 없었다. 결국 타다 남은 일부만이 세상에 알려지게 되었다.

윗글은 사람은 드러내려 하지 않아도 꾸준히 학문을 닦고 수양하다 보면 언젠가는 그 이름이 널리 퍼진다는 교훈을 담고 있다.

삼국시대 때 촉나라의 방통은 생김새가 못난 까닭에 세인의 관심을 끌지 못했지만 유비에게 발탁되어 큰 공을 세웠으며, 제갈공명의 아내 최씨 역시 소문난 추녀였지만 남편의 이름을 넘어설 만큼의 지혜가 있었다.

굳이 자신을 감추는 것은 인위적이라 권할 바가 못 된다. 하지만 애써 재주를 드러내면 일찍부터 적이 많이 생겨 능력을 펼칠 기회가 줄어든다는 것이 고금의 교훈이다.

비록 현실이 암울할지라도 꾸준히 자신을 연마하라. 그리고 조는 듯하면서 먹이를 노리는 매처럼 끈기를 가지고 기다린다면 기회는 반드시 도래하게 마련이니 조바심을 내지 말 일이다. 그러므로 『채근담』에선 이렇게 경계하고 있다.

매는 조는 것같이 서고, 범은 병든 것같이 걷고, 이것이 바로 사람을 움켜잡고 깨무는 수단이다. 그러므로 군자는 함부로 총명함을 드러내지 말고 재능을 나타내지 말 것이니, 이것이 그의 두 어깨에 큰 임무를 질 역량이 되는 것이다.

삶의 즐거움을 누리려면 능력을 키워라

솜씨 좋은 사람은 서투른 사람의 종이다.
괴로움은 즐거움의 어머니다.

(省心·上-36)

천하를 통일한 유방이 어느 날 장수들의 능력에 대하여 논하다가 문득 곁에 있던 회음후 한신에게 이렇게 물었다.
"나는 얼마만큼의 병력을 거느릴 수 있을까?"
"폐하께서 아무리 후하게 잡아도 십만을 넘지 않을 것입니다."
이 말에 약간 기분이 상한 유방이 다시 물었다.
"그렇다면 그대는 얼마나 거느릴 수 있나?"
"저로 말씀드리자면 병력이 많으면 많을수록 좋습니다."
이 대답에 유방은 크게 웃으면서 이렇게 비꼬았다.
"많으면 많을수록 좋다고? 그런 자네가 어찌하여 나 같은 사람의 신하가 되었는가?"

그러자 한신은 몸가짐을 바로하고 정중하게 대답했다.

"폐하, 그것은 사정이 다릅니다. 폐하께서는 병졸들을 거느리는 데는 한계가 있지만 저와 같은 장수들을 얼마든지 거느릴 수 있는 배포가 있으십니다. 이런 재주는 보통 사람이 가질 수 있는 것이 아닙니다. 진실로 폐하의 재주는 하늘이 내리신 것입니다."

『사기』와 『후한서』에 실려 있는 일화다. 사람의 능력은 저마다 다르고 그 쓰임새 역시 다르다는 말이다.

재주 없는 사람은 물건을 만들 줄 모르기 때문에 재주 있는 사람이 만들어주어야 한다. 재주 있는 사람은 자신의 노력으로 즐거움을 찾지만 자기 능력을 키우지 않는 사람은 그런 진정한 즐거움을 모를 뿐만 아니라 사회에 가치없는 존재로 전락하고 만다. 그런 사람을 일러 장자는 이렇게 통박했다.

> 남에게 의지하여 편히 사는 사람은 돼지에 붙어 사는 벌레와 같은 사람이다. 긴 털을 골라 살며, 자기 딴에는 그곳을 넓은 궁궐이나 큰 정원쯤으로 안다.
>
> 또 갈라진 발굽 사이나 움푹 파인 곳과 젖 사이나 사타구니 사이를 자신이 거처할 편안한 방이나 편리한 처소인 줄 여긴다. 하지만 어느 날 아침에 백정이 팔을 걷어붙이고 바닥에 풀을 깐 다음 불을 붙

이면 자신도 돼지와 더불어 같이 타버린다는 것을 모른다.

이런 까닭에 우리는 스스로를 끊임없이 단련시켜 어느 날 문득 홀로 서는 일이 있더라도 흔들리지 않는 사람이 되어야 한다. 그래야만 인간의 진정한 가치를 누릴 수 있다.

채플린의 영화 「모던 타임즈」에서는 거대한 괘종시계의 부속물로 전락한 인간을 묘사하고 있다. 능력도 없이 안주하려는 자는 괘종시계 안의 나사와도 같다. 나사의 홈이 다 닳아지면 새로운 부품과 교체되어 쓰레기통에 버려지고 마는 것이다.

어려울 때일수록 꿋꿋하게

사람의 의리는 다 가난한 데서 끊어진다.
세상의 인정은 곧 돈 있는 집으로 쏠린다.
(省心 · 上-41)

장자가 어느 날 감하후란 사람에게 곡식을 꾸러 갔다. 그런데 감하후가 장자에게 이렇게 말했다.

"좋습니다. 내가 곧 고을 백성들에게 세금을 거둔 다음 그대에게 삼백금을 빌려주겠습니다. 그러면 되겠습니까?"

이 말을 들은 장자는 안색을 붉히면서 말했다.

"내가 어제 여기에 오다가 도중에 누군가가 부르는 소리에 돌아다보니 수레바퀴 자국에 붕어가 한 마리 있었습니다.

무슨 일인지 묻자 붕어가 대답하기를, '나는 동해용왕의 사신인데 지금 곤경에 빠졌으니 몇 되의 물로 나를 살려주십시오' 하는 것이었습니다.

 그래서 나는 이렇게 대답했지요. '이제 내가 남쪽의 오나라와 월나라 왕에게 가서 부탁하여 서강의 물길을 끌어다 너를 맞이하도록 하겠으니, 그러면 되겠느냐?'

 그러자 붕어는 버럭 성을 내며 이렇게 말하는 것이 아니겠습니까? '나는 늘 같이하던 물을 잃고 거처할 곳이 없으니 몇 되의 물만 얻으면 살아날 수 있을 텐데, 당신은 어찌 그렇게 말할 수 있습니까. 그럴 바엔 차라리 나를 건어물전에서 찾는 편이 나을 겁니다.'"

 사람이 가난해지면 아무리 가까운 친척이라도 멀어지게 된다. 때문에 의리도 끊어지게 된다. 또 세상 사람들은 돈 있는 사람을 가까이 하려 한다. 이처럼 각박한 것이 인심이며 세태다. 그렇다면 우리는 어떻게 그런 세상에 대응해야 할까.

 풍요롭게 살아가는 사람이라면 작은 선행에도 관심을 기울이도록 노력하자. 절박한 사람에게는 아무리 사소한 도움이라도 다시없이 소중한 법이다. 그런데 베푸는 사람이 그것이 사소하다 하여 지나치게 되면 당사자는 그 사이에 돌이킬 수 없는 나락으로 빠져들게 된다. 그것은 바로 당신의 외면 때문에 생긴 일이 아닌가.

 한편, 내가 가난한 처지라면 어떻게 처신할 것인가. 『채근담』의 충고를 들어보기로 하자.

가난한 집도 깨끗이 청소하고, 못난 여인도 머리를 빗으면 모습이 비록 어여쁘고 아름답지는 않더라도 기품과 태도가 저절로 단아해진다. 그러므로 군자가 한때의 곤궁과 적막함을 당할지라도 어찌 홀연히 스스로를 버리겠는가.

이 글의 충고처럼, 잠시 실패하여 곤궁한 처지에 빠졌을지라도 마음을 풀어 나태하거나 포기한 듯한 태도를 취해서는 안 된다. 어려운 때일수록 스스로를 정갈하게 가꾸고 꿋꿋한 자세를 견지해야만 한다.

큰 뜻을 품은 사람이 잠시 부유한 사람들에게 허리를 굽히며 권토중래(捲土重來 : 어떤 일에 실패한 뒤 힘을 쌓아 다시 그 일에 착수함)를 꾀하는 것은 부끄러움이 아니다. 하지만 그 본래의 마음까지 아첨하고 구걸하는 마음이 되어서는 곤란하다. 눈빛을 맑게 가지고 바른일을 지향하는 장부의 의지를 견지해야만 하는 것이다.

자신을 이루는 이는 결국 자신뿐이다. 신세를 한탄하기에 앞서 스스로를 냉정히 되돌아보라. 자신이 품은 그릇의 크기만큼 남이 대접해줄 것이다.

제대로 쓸 줄 아는 사람이 잘 번다

큰 부자는 하늘에 달려 있고,
작은 부자는 부지런함에 달려 있다.
(省心·上-48)

와신상담臥薪嘗膽의 고사를 낳았던 부차와 구천의 오랜 싸움이 마침내 구천의 승리로 끝나자 월나라의 참모 범려는 장차 자신에게 다가올 화를 예감하고 벼슬을 내놓은 채 제나라로 이사를 했다. 수완이 남달랐던 범려는 그곳에서 자식들과 함께 사업을 벌였는데 엄청난 재산을 모았다.

이때 제나라 왕이 그의 소문을 듣고 달려와 재상이 되어줄 것을 간청했다. 그러자 범려는 애써 모은 재산을 마을 사람들에게 골고루 나누어주고 미련없이 도라는 지방으로 이사하면서 이렇게 말했다.

"필부의 몸으로 초야에 있으면서 천금의 부를 쌓고, 벼슬길에서 재상의 지위에 오르는 것만큼의 영달은 다시 없을 것이다. 하지만 이와 같은 영달은 반드시 화의 근원이 된다."

도땅에 정착한 범려는 그곳에서도 순식간에 백만금의 부를 쌓았다. 그는 현실 정치뿐만 아니라 이재理財에도 탁월한 혜안을 가진 사람이었던 것이다.

그로부터 한참 뒤에 사업차 초나라에 갔던 둘째아들이 실수로 사람을 죽이고 체포되어 사형이 선고되었다. 서두르지 않으면 곧 형장의 이슬로 사라질 판이었다. 그러자 범려는 막내아들에게 막대한 황금을 주면서 초나라에 가서 둘째아들을 구해오라고 일렀다. 그러자 큰아들이 나서서 자신이 가겠다고 했다.

"동생을 구출하는 것은 장남으로서 마땅히 해야 될 일입니다. 저를 보내주십시오."

이 말에 부인도 거들었다.

"이왕이면 큰아들이 믿을 만하지요."

하는 수 없이 범려는 큰아들을 초나라로 보냈다. 하지만 큰아들은 동생을 구하지 못하고 시신만을 가지고 돌아왔다. 부인이 몹시 슬퍼하자 범려는 탄식하면서 이렇게 말했다.

"나는 이미 결과를 짐작하고 있었다. 큰애는 어렸을 때부터 나와 함께 고생하면서 돈을 벌었기 때문에 중요한 일에도 좀처럼 큰 돈을 쓰지 못한다. 하지만 막내가 갔다면 그애는 어려움을 모르고 자랐기 때문에 돈쓰는 것을 두려워하지 않아 분명 둘째를 구해왔을 것이다. 하지만 둘째의 운명이 거기까지이니 난들 어찌하겠는가."

욕심부리지 않고 근검절약하면 작은 부자로 만족할 수 있지만, 큰 부자가 되려고 무리를 하면 패가망신하기 쉽다. 때문에 중요한 것은 어떻게 버느냐보다 어떻게 쓰느냐인 것이다.

  재물의 많고 적음이 행복의 많고 적음과는 분명 다르다. 그러므로 사람들은 물질보다 인정을 소중히 생각하는 것이다. 그리하여 현명한 부자는 자신의 부를 자랑하지 않는다.

  모든 일에는 다 이유가 있다. 큰 부자는 크게 쓰고 작은 부자는 작게 쓴다. 가진 돈을 구두쇠처럼 움켜쥐어서는 결코 부자가 될 수 없다. 돈이 많으면 배포 또한 커야 하는 것이다.

  미욱한 부자들은 재산을 불리기 위해 타인들의 조그만 결실마저 빼앗으려 한다. 그리하여 분쟁이 끊이질 않으며, 그로 말미암아 의심과 시기심으로 가득 찬 불행한 삶을 운명처럼 지니며 살게 된다.

돈으로도 살 수 없는 지혜

약으로도 재상의 수명을 늘릴 수 없고,
돈으로도 자손의 현명함을 살 수 없다.
(省心·上-54)

정여창이 젊었을 때 술을 몹시 좋아했는데, 어느 날 친구와 폭음을 하고는 집을 찾지 못해 들판에 쓰러져 자다가 아침이 되어서야 집에 들어왔다. 그러자 어머니가 그를 불러놓고 이렇게 말했다.

"내가 홀몸이 되어 믿을 사람은 오로지 너뿐이었는데, 네가 이처럼 방탕하니 이제는 누구를 믿고 살아간단 말이냐?"

이 말에 크게 반성한 정여창은 그날 이후 술을 끊고 '남을 속이지 않는다'는 말을 좌우명으로 삼아 열심히 공부한 끝에 대성했다.

또 권발은 "학문은 모름지기 제 몸을 닦기 위해 해야 한다" 하면서 항상 『근사록』을 소매 속에 넣어가지고 다니며 읽었다.

어느 날 중종 임금이 신하들을 후원으로 불러들여 연회를 열었는데, 잔치가 파한 자리에서 내시 한 사람이 『근사록』을 주웠다. 그러자 임금이 "그것은 틀림없이 권발의 것이다"라고 말하며 그에게 돌려주도록 했다.

옛 선인들은 가정을 화목하게 유지하는 일과 청렴결백한 도덕성을 견지하는 것, 인재를 양성하는 것을 일컬어 군자의 삼락三樂, 곧 선비의 즐거움으로 알고 있었다.

하지만 이 모든 것보다 우선하여 생각한 것이 자식 교육이었다. 빗나간 자식 한 사람으로 인해 그동안 쌓았던 명예가 일순간에 무너지고, 자칫 잘못하면 가문의 뿌리가 뽑혀질 수도 있기 때문이다.

아무리 부자라도 자식에게 지혜를 사줄 수 없고, 무소불위의 권력을 가졌던 진시황도 불사약을 구할 수는 없었다. 그러므로 무엇이 가치있는 삶인가를 자식들에게 가르치고 도리에 어긋나지 않도록 교육시킨다는 것은 예나 지금이나 모든 이들에게 중요한 화두이리라.

온갖 유혹이 널려 있는 현재의 교육 환경 속에서 너무나도 연약하고 민감한 아이들에게 우리는 과연 무엇을 가르칠 것인가.

이론이란 참으로 간단하다. 정의롭게 살며, 환경을 사랑하며, 어려운 사람을 돕는 따뜻한 마음가짐, 창조적인 일을 찾아가는 적극적인 자기 개발 등등……. 하지만 이런 교과서적인 정의는 왠지 공허하다. 그것은 아이들이 보고 배워야 할 어른들의 세계가 너무 더럽혀져 있기 때문이다.

지금 세대는 다음 세대의 모범이다. 그들은 우리의 거울과도 같다. 우리가 그들에게 뭔가 요구하는 것이 있다면 우선 나부터 먼저 그것을 실천해야만 한다.

우리는 그들에게 돈으로 살 수 없는 무언가를 보여주어야만 한다. 그리하여 아이들로부터 "당신은 어떻게 살았는가"라는 질문을 받았을 때 떳떳하게 자신을 표현할 수 있는 진짜 어른이 되도록 하자.

하늘을 나는 자유로운 새처럼

어느 하루 맑고 한가로우면
나는 바로 그 하루의 신선이다.
(省心 · 上-55)

공문헌이 외다리가 된 우사를 보고 깜짝 놀라 물었다.
"어찌된 노릇인가? 그대는 어찌하여 발 하나가 잘렸는가? 하늘이 그랬는가, 사람이 그랬는가?"
이에 우사가 대답했다.
"사람이 그런 것이 아니라 하늘이 그렇게 한 것이다. 하늘이 나를 낳을 때 외발이 되도록 하신 것이다. 사람에게 두 발이 있으니 그 역시 하늘이 그렇게 한 것이지, 사람의 뜻이 아니다.
못가의 꿩은 열 걸음을 걸어야 한 입 쪼아 먹고, 백 걸음을 걸어야 한 모금 마시지만 새장 속에 갇혀 길러지기를 원하지 않으니, 이는 곧 그 안에서 기력은 비록 왕성하겠으나 마음이 편치 못하기 때문이다."

　인간의 진정한 자유가 어디에 있는지를 함축한 『장자』의 글이다.
　세상에 실제로 많은 장애인들이 있지만, 진실로 마음의 장애를 가진 사람들은 자신의 상황을 느끼지 못하고 있다. 그러므로 그들은 자신에게 닥친 불행을 지극히 슬퍼하고 분노하면서 자신을 그렇게 만든 세상을 원망한다.
　이렇듯 길흉화복을 누구 탓으로 돌리게 되면 마음에 노여움이 생기고 오만함이 생겨 인간 본래의 선한 본성을 잃어버리게 된다.
　삶이란 그렇게 화를 낸다고 해서 안정되는 것이 아니다. 자연의 이치를 깨닫고 그에 순응할 때 비로소 평온해지는 것이다. 바람이 불면 잔잔해짐을 생각하고, 볕이 들면 폭풍우를 예비하듯이 추스리고 다잡는 여유를 가져야만 한다.
　지금 두 팔과 두 다리가 멀쩡한 당신의 마음을 점검해보라. 당신은 다리가 하나 없는 우사보다 과연 더 행복하다고 말할 수 있겠는가.

북송 6대 황제 신종의 좌우명

올바르지 못한 재물은 멀리하고,
정도에 지나친 술은 경계하라.
이웃을 가려 살고 친구를 가려 사귀어라.
시기와 질투를 마음에 일으키지 말고
남을 헐뜯는 말을 입에 올리지 말라.
친척 중에 가난한 사람을 홀대하지 말고,
남들 중에 부자인 사람을 후대하지 말라.
자기를 이겨내는 데는 부지런함과 검소함을 최우선으로 삼고,
뭇 사람을 사랑하는 데는 겸손함과 온화함을 최우선으로 삼아라.
항상 지나간 날들의 잘못을 생각하고,
앞으로 올 날들의 허물을 생각하라.

만약 나의 이 말을 따른다면
나라와 집안이 오래도록 편안하리라.

(省心 · 下-2)

너도 옳고, 또 너도 옳다

물이 지극히 맑으면 고기가 없고
사람이 너무 따지면 주변에 친구가 없다.
⟨省心·下-5·『공자가어』⟩

후한 초기 반초라는 무장이 있었다. 그는 『한서』를 쓴 반고의 동생으로 선비인 형과는 달리 용맹하고 활달한 기질을 가지고 있었다.

반초는 2대 황제인 명제 때 서역의 50개국을 복속했으며, 4대 화제 때에는 정원후로 봉해져 서역도호부의 총독의 지위에까지 올라갔다. 그의 주요 임무는 서역의 여러 나라들이 한나라에 반기를 들지 않도록 관리하는 일이었는데, 그가 재임하는 동안 아무 일도 일어나지 않아 변경에 평화가 유지되었다.

세월이 지나 반초가 오랜 서역 생활을 마치고 은퇴하게 되었다. 그때 후임으로 임명된 임상이란 사람이 업무를 인수받는 자리에서 그에게 물었다.

"저는 서역이 처음이니 모든 것이 생소합니다. 공께서는 이곳을 오래 다스렸으니 좋은 비결이 있을 줄 압니다. 그것을 가르쳐주십시오."

그러자 반초는 정중한 태도로 대답했다.

"제가 보기에, 당신은 매우 엄격하고 심기에 거슬리는 것을 오래 참지 못하는 성격인 것 같습니다. 물이 지나치게 맑으면 큰 고기가 몸을 숨길 데가 없어 그곳을 떠나게 마련입니다. 정치도 그와 같아서 너무 엄하고 급하면 원만하게 이루어지지 않는 법입니다. 그러므로 대범하게 다스려서 모가 나지 않도록 하는 것이 비결이라면 비결이겠습니다."

임상은 이런 반초의 충고를 이해할 수가 없었다. 그리하여 반초가 떠난 뒤 그는 만나는 사람마다 이렇게 험담을 늘어놓았다.

"반초가 이곳을 오래 다스렸기 때문에 기발한 방법이 있는 줄 알았는데, 무사태평한 말만 하더군. 그가 여기에 오래 있었던 것은 유능하기 때문이 아니라 무능하기 때문이었어."

그후 임상은 서역 국가를 관리하는 데 있어서 가차없이 법을 적용하기 시작했다. 작은 실수에도 용서가 없었고, 조그만 소요가 일어나도 성급하게 군사를 동원하여 가혹하게 진압하곤 했다.

이런 임상의 폭압적인 조치에 분노한 서역 국가들이 때를 맞추어 들고일어나니 결국 반초가 30년 동안 이룩해놓은 변경의 평화가 순식간에 깨어져버렸다.

타인들의 작은 실수 정도는 눈감아줄 수 있는 아량이 있어야만 세상 사람들과 조화롭게 살아갈 수 있다는 뜻이다. 마음이 지나치게 경직되어 생각에 여유가 없다면 금방 한계에 부딪치고 만다.

이런 까닭에 철부지 계집종들의 다툼에 너도 옳고 너도 옳다며 너털웃음을 지은 황희 정승의 일화는 긍정적으로 삶을 꾸려 가려는 한 인간으로서의 모범이 되곤 한다.

몸가짐은 지나치게 깨끗하게 하지 말아야 한다. 모든 욕됨과 때묻음을 다 받아들일 수 있어야 하고, 남과 사귐에는 지나치게 분명하게 하지 말아야 할 것이니, 모든 착함과 나쁨, 현명함과 우매함을 함께 받아들일 수 있는 사람이 되라.

보통 사람으로 현명하게 세상을 살아가는 이치를 쉽게 설명한 『채근담』의 일절이다. 사람이 지나치게 결벽하면 벗이 함께 하지 않으며, 반대로 너무 허술해도 그 가벼움으로 벗들이 함께 하지 않는다.

무슨 일에 임하든지 도를 넘어서는 행동은 삼가도록 하자. 지나치다는 것은 아무리 선한 의도가 있다 할지라도 뭇 사람들의 환영을 받기 힘든 법이다.

사람의 말이란 튀는 공과 같아서

눈으로 본 일도 다 믿지 못하는데
등뒤에서 한 말이야 어찌 깊이 믿을 만하겠는가?
(省心 · 下-9)

『삼국지』에 나오는 난세의 영웅 조조는 '젊어서부터 재빠르고 재치가 있으며 술수에 뛰어난 재주가 있었다'고 한다.

언젠가 조조가 병사들을 이끌고 행군하던 중이었다. 험한 산길을 오르면서 모든 병사들이 기갈에 허덕이고 있었다. 선두에서 이 모습을 바라보던 조조가 갑자기 맞은편 언덕을 가리키며 소리쳤다.

"힘을 내라. 저 언덕 너머에 매실나무 숲이 있다. 새콤한 열매가 가득 열려 있으니 목을 축일 수 있을 것이다."

이 말에 매실을 떠올리게 된 병사들은 입 안에 침이 고였다. 덕분에 잠시의 목마름을 잊고 기운을 내어 샘이 있는 곳을 찾아갈 수 있었다.

이 일화에서 '망매해갈望梅解渴'이라는 고사가 나왔는데, 이는 조조의 뛰어난 재치를 뜻하기도 하지만, 한편으로는 사람들의 마음을 교묘하게 속이는 일례로 지적되기도 한다.

실로 사람의 말이란 입에서 튀어나가면 결과를 예측할 수가 없다. 때문에 예로부터 말을 아끼는 것은 곧 자신을 아끼는 것과 같이 취급되었다.

> 말이란 바람이나 물결과도 같고, 행동이란 득실이 따르게 마련이다. 무릇 바람과 물결은 움직이기 쉽고 득실은 위태로워지기 쉬우니 화를 내게 되는 것은 다른 까닭이 있는 것이 아니며, 교묘한 말이 치우침이 있기 때문이다.

『장자』에 실려 있는 글이다. 실로 인간의 말이란 너무나 불완전하기 때문에 그것을 행하는 이의 안색이나 숨소리에도 표현에 많은 차이가 생겨난다. 또한 그 말을 듣는 이의 기분에 따라서 왜곡되거나 과장된 의미로 받아들여지기도 한다.

말 한마디 때문에 벌어진 전쟁이 얼마나 많으며, 말 한마디 때문에 커다란 복을 받은 이가 어디 한둘이던가. 실로 우리는 한마디 말로 오늘도 숱한 희비를 맛보고 있다. 그러므로 말을 할 때는 아무리 급박한 환경일지라도 짐승이 죽을 때와 같이 급히 내뱉지 말고 한 걸음 뒤로 물러서는 습관을 길러야 한다.

나의 말은 곧 내 인격의 표현이며, 소문의 시작이라는 생각을 가슴에 담아두도록 하자. 항상 스스로를 경계하고 조심하는 자세를 견지한다면, 최소한 그것으로 인한 망신의 화는 피할 수 있다.

일확천금은 재앙의 근원

아무런 까닭없이 천금을 얻으면 큰 복이 있는 게 아니라 반드시 큰 화가 닥칠 것이다.
(省心·下-16·소동파)

조선 정조 때의 문인 김학성은 명필로 이름이 높았는데, 그의 어머니 임씨의 감동적인 일화가 『위항쇄문』이라는 책에 전한다.

임씨는 일찍이 남편을 잃고 삯바느질을 하며 두 아들을 키웠다. 그러던 어느 날 밤, 폭우가 쏟아지다가 새벽녘에 이르러야 잦아들었다. 그런데 이상하게 낙숫물 소리가 유난히 크게 들려왔다.

수상쩍게 생각한 부인이 처마밑의 물이 떨어지는 지점을 파보니 은덩이가 가득한 커다란 항아리가 나왔다. 그녀는 얼른 항아리를 다시 묻어버리고 아무에게도 말하지 않았다. 그리고 얼마 뒤 그녀는 오빠에게 부탁하여 집을 팔고 조그만 오두막으로 이사를 했다.

세월이 지나 자식들이 모두 벼슬자리에 오르고 집안이 안정되자 그녀는 오빠와 두 아들이 모인 자리에서 옛날에 살던 집에서 은항아리를 캐냈던 사연을 말해주었다. 오빠가 놀라며 누이에게 물었다.

"그것을 꺼내 썼으면 그동안 고생을 하지 않아도 되었을 텐데 왜 말을 하지 않았느냐?"

그러자 그녀가 미소지으며 이렇게 대답했다.

"재물이란 곧 재앙입니다. 까닭없이 큰 돈이 생기면 반드시 좋지 않은 일이 생기게 마련입니다. 인생이란 마땅히 궁핍을 겪어보아야 하는데 우리 아이들이 어릴 때부터 고생을 모르고 살았다면 애써 공부하지도 않았을 것입니다. 가난을 겪어보지도 못하고 어찌 돈 버는 어려움을 알겠습니까? 지금 저희 재산이 변변치는 못하지만 가솔들의 피땀으로 이룬 것이니 어찌 그런 일확천금에 비하겠습니까?"

이 말을 들은 두 아들은 어머니의 식견에 탄복하고 고개를 숙였다. 그녀는 세상을 떠날 때까지 은항아리가 묻혀 있던 집을 세상에 알리지 않았다.

일확천금이란 복이 아니라 화의 근원이라는 교훈이다.

재물이란 쓰기에 넉넉하면 되는 것이지, 넘치면 헛된 유혹과 망상에 물들기 쉬운 까닭이다. "부자는 삼대를 넘기지 못한다"라는 말은 다 여기에서 나왔다.

어떤 사람들은 '머슴처럼 벌어서 정승처럼 쓰는 것'을 소원으로 삼고 있지만, 그런 돈을 펑펑 쓸 때는 과시하고 싶은 마음만 조금 위안받을 뿐 어찌 자신을 만족시킬 수 있겠는가.

재물로는 사람의 마음을 모으지 못한다. 그 재물이 아니라 따스한 인덕의 키를 높이도록 노력하라. 무엇이 본체이고 무엇이 주변인지를 아는 사람만이 행복을 낚을 수 있는 법이다.

그러므로 장자는, 사람이 자신의 머릿속에 담긴 지혜조차 제대로 쓰지 않으면 결국 큰 도둑에게 빼앗기고 만다고 경고한다.

장차 상자를 열고, 자루 속을 뒤지며, 궤짝을 뜯어젖히는 좀도둑에 대비하고자 노끈 따위로 단단히 묶어놓거나 자물쇠를 채워두게 마련이니, 이것이 세상에서 지혜라 이르는 것이다.

하지만 큰 도둑이 들게 되면 궤짝을 지고, 상자를 들고, 자루를 둘러멘 채 달아나는데, 그 사실을 깨닫지 못하고 오로지 노끈이나 자물쇠가 견고하지 않을까만을 걱정한다. 그렇다면 앞서 말한 지혜란 오히려 큰 도둑을 위해 물품을 모아놓은 꼴이 아니겠는가.

즐거움에는 절제가 있어야 한다

목마를 때 한 방울 물은 단 이슬과 같고,
취한 뒤에 잔을 더하는 것은 없는 것만 같지 못하다.
(省心 · 下-20)

후한 말기, 유비가 유장에게서 촉땅을 빼앗기 위해 전쟁을 벌일 때의 일이다.

유비는 부군사인 방통의 치밀한 계략에 힘입어 마침내 촉의 전초기지인 부수관을 함락시키고 성대한 연회를 열었다. 술에 잔뜩 취한 유비가 부하 장수들과 어울려 희희낙락하자 방통이 시비를 걸었다.

"주군께서는 덕있는 분으로 알려져 있는데 어찌하여 작은 성 하나를 얻고서 그렇게 좋아하십니까?"

그러자 대취한 유비가 비틀거리며 노기띤 표정으로 소리를 질렀다.

"이놈! 대체 무슨 헛소리냐? 일찍이 한고조께서도 작은 성을 함락시키고 기뻐 춤을 추었을 때 아무도 너처럼 무례하게 나서지 않았다. 에이, 괘씸한 놈! 썩 물러가라!"

이 말에 방통은 놀라서 연회장을 빠져나갔다. 이튿날 아침 유비는 간밤의 실수를 뉘우치고 방통에게 가서 정중히 사과했다.

"부군사, 죄송하오. 내가 간밤에 너무 취하여 무례를 저질렀소. 제발 용서하시오."

그러자 방통은 웃으면서 이렇게 말했다.

"주중불인酒中不人, 술에 취하여 한 말을 어찌 사과하십니까? 주군께서는 심려하지 마십시오."

믿음으로 맺어진 관계라면 이와 같이 즐거운 취담도 있다. 하지만 많은 사람들이 자신의 천재성을 미처 발휘하기도 전에 술로 인하여 날개를 꺾인 경우가 너무나도 많다.

세월이 하수상하여 비분강개한 끝에 술로 인생을 마친 죽림칠현竹林七賢의 유령과 같은 이가 있는 반면에, 평생을 취해 지내면서도 천하의 명시名詩를 낳은 이태백도 있으니 술이란 참으로 날카로운 가시를 가진 장미꽃과도 같다.

조선시대 후기에 활약했던 현기라는 시인은 술 때문에 채 피어보지도 못하고 인생을 저버린 대표적인 인물이다.

그는 일찍이 정수동과 어깨를 겨룰 정도로 시문에 능하고 그 지혜가 군계일학群鷄一鶴이었지만 술을 너무 마신 까닭에 자주 광기를 보였고, 끝내는 귀머거리가 되었다. 그리하여 세간에서 술을 구걸하며 방황하다가 54세의 나이에 역시 술에 취한 채로 목숨을 잃었는데, 때문에 세인의 감탄을 자아냈던 그의 시작들은 모두 흩어져 사라져버렸다.

당대의 이태백은 취하여 쓴 시문만으로도 시선詩仙이란 칭호를 받았다. 하지만 어찌 그런 사람이 흔하겠는가. 숱한 명인, 호걸들이 술 때문에 낙엽처럼 저물어갔으니 참으로 안타까운 일이다.

영국 속담에 "첫째 술잔은 갈증을 낫게 하고, 둘째 술잔은 영양이 되고, 셋째 술잔은 유쾌한 기분을 준다. 하지만 넷째 술잔부터는 사람을 미치광이로 만든다"라는 말이 있다. 즐거움에는 절제가 있어야만 한다는 뜻이다.

의리와 객기는 항상 다툰다

덕이 보잘것없으면서 지위가 높고,
지혜가 없으면서도 꾀하는 일이 크다면
화를 당하지 않는 사람이 드물 것이다.
(省心·下-24·『주역』)

춘추시대 말기, 오나라는 초나라를 제압하고 급격히 성장해서 한때는 중원의 패권을 넘보게 되었다. 오나라가 이렇게 강성해진 것은 초나라에서 망명한 오자서라는 인물 때문이었다.

오자서의 집은 대대로 초나라에서 벼슬을 했는데, 평왕 때 태자의 태부였던 아버지 오사와 형 오상이 비무기의 참언으로 붙잡혀 죽었다.

그때 오자서는 간신히 도망쳐나와 오나라 왕을 섬기면서 호시탐탐 복수의 기회를 엿보고 있었다. 그러다가 왕위를 노리던 태자 광의 심복이 되어 오왕 요를 암살하고 왕위를 찬탈하는 데 커다란 공을 세웠다.

얼마 뒤 초나라에서 역시 비무기의 모함으로 아버지를 잃은 백비가 오나라로 피신해 오자 오자서는 그를 합려에게 천거하여 대부 벼슬에 오르게 했다. 이러한 사실이 알려지자 오자서는 대부 피리의 힐난을 받았다.

"백비의 눈길은 매와 같고 걸음걸이는 호랑이와 같으니, 이는 필시 살인할 악상惡相이오. 그런데 귀공은 무슨 까닭으로 그런 인물을 천거했소?"

이 말에 오자서는 이렇게 대답했다.

"별다른 까닭은 없소이다. '동병상련同病相憐'이란 말이 있지 않습니까? 나와 비슷한 처지에 있는 백비를 돕는 것은 인지상정이지요."

그때 마침 탁월한 병법가인 손무도 오나라에 들어왔다. 이렇게 해서 오자서·백비·손무 세 사람의 노력으로 오나라는 착실히 힘을 키워나갔다.

마침내 기원전 506년 겨울, 오왕 합려는 군대를 이끌고 쇠약해진 초나라로 쳐들어가 초의 도읍 영을 함락했다. 드디어 오자서의 복수의 염원이 때를 만난 것이었다. 그러나 부형의 원수인 평왕과 비무기는 죽은 뒤였다. 그래도 원한에 사무친 오자서는 평왕의 무덤을 파헤쳐 시신이 모두 으스러질 때까지 채찍질을 했다. 이를 보고 사람들이 모두 두려워했다.

이때 평소 친분이 두터웠던 초나라의 신포서가 그 행동을 질책하자 오자서는 다음과 같이 대답했다.

"날은 저무는데 갈 길이 멀다. 그렇기 때문에 길을 거꾸로 가고 베풂을 나중에 할 뿐이다."

곧 '나는 아직 해야 할 일이 많지만 나이가 들어 시간이 별로 없다.

이치를 따져가며 행할 겨를이 없으니 도리에 어긋나더라도 할 일을 마치겠다'라는 뜻이다.

해는 저무는데 아직 갈 길은 머니 나그네의 마음은 얼마나 바쁜가. 그러므로 세상사는 해가 지기 전에 부지런히 갈 길을 가야 할 일이다.

이렇게 순리를 배반하고 덕을 팽개친 오자서에게는 용맹과 지혜가 있었을지언정 민심이 따르지 않았다. 때문에 그 자신이 원하는 삶을 갖지 못하고 비극적인 최후를 마치게 되었다.

그것의 단초는 앞서 피리의 예언대로 월나라에 매수된 백비의 모함 때문이었지만, 실제로 운명을 결정한 것은 자신의 능력보다 훨씬 거대한 삶의 무게를 짊어졌던 오자서 자신이었다.

분수에 넘치는 일은 하지 말라. 의리와 객기는 늘 서로 이기려고 다툰다. 우리는 사람의 장점과 단점, 분수의 많고 적음을 보아 군자와 소인을 구별할 수 있다.

의리가 승하면 자연히 객기는 줄어들게 된다. 그러므로 군자라고 자처하는 사람들은 애써 의로운 생각 속에 자신을 머물게 했던 것이다.

사람들은 종종 자기 성품을 너그럽고 원만하게 단속하지 못하고 어떤 일에 이르러서는 난폭성을 보이기도 한다. 그것은 스스로의 기를 이기지 못하고, 도리어 그 기에 굴복한 까닭이다. 그렇게 마음이 좁고 가난해지면 잡된 생각이 고개를 든다.

분노나 두려움도 마찬가지다. 자신을 억제하지 못하고 분별력을 잃으면 분노나 두려움 속에서 헤어나오지 못하게 되는 것이다. 또 그것을 감추기 위해 만들어진 허영으로부터 객기가 발휘된다.

  허영이 없는 사람은 자신을 올바로 들여다볼 줄 아는 사람이다. 있으면 자숙하고 없으면 정직하게 아끼며 살아가는 모습이 얼마나 자연스러운가. 남보다 뒤처져 있다면 걸음걸이를 좀더 빨리 할 일이다.

  앞선 자를 넘어뜨리고 싶다는 거친 마음, 아무래도 너보다는 내가 낫다는 식의 터무니없는 객기에서 스스로를 해방시켜라. 이제 눈을 떠라.

비워야 다시 채울 수 있다

그릇은 가득 차면 넘치고,
사람은 자만하면 잃는다.
(省心 · 下-26)

조선시대 선조 때의 명신 한음 이덕형이 영의정 자리에 있을 때의 일이다. 마침 임진왜란이 끝난 뒤끝이라 처리해야 할 현안이 산더미같았고, 또 부서진 궁궐까지 보수하느라 정신이 없었다.

집에 들어갈 시간조차 없었던 한음은 소실을 대궐 가까이에서 살도록 하고 시중을 들게끔 했다. 그러던 어느 날이었다. 한음이 몹시 덥고 목이 말라 잠시 궐 밖의 소실이 있는 집에 가서 마실 것을 찾았다.

그때 소실은 그가 올 줄을 알았다는 듯이 시원한 미숫가루를 재빠르게 대령하는 것이었다. 이에 당황한 한음은 얼른 마시지 않고 물끄러미 그녀를 바라보더니 이렇게 말했다.

"이제 우리는 함께 살 수 없게 되었으니 네가 가고 싶은 곳으로 가려무나."

아닌 밤중에 홍두깨격으로 갑자기 청천벽력 같은 소리를 들은 소실은 한음의 마음을 알 수 없어 밤새도록 울었다. 이튿날 소실은 이덕형의 죽마고우인 백사 이항복에게 가서 도움을 청했다. 백사 역시 이런 한음의 뜻을 파악할 길이 없어 직접 한음을 만나 물었다.

"그녀는 자네가 사랑하는 여인이 아닌가? 무슨 잘못을 했기에 내치려는 건가?"

그러자 한음은 자세를 바로하고 대답했다.

"그녀에게 죄가 있어서 그런 것이 아닐세. 단지 어제의 일을 되새겨보니 너무나도 영리하고 총명하여 나로 하여금 사랑하지 않을 수 없도록 만들었기 때문이라네. 하지만 지금 나라꼴이 어떤가? 전쟁의 여파가 아직도 남아 있어 해야 할 일이 태산 같은데 일국의 재상으로 내가 여자만을 생각하고 있으면 필시 일을 그르치게 될 것이네. 그래서 처음부터 유혹의 뿌리를 끊어버리고 나라일에 전심전력하려는 나의 다짐이라네."

배를 타고 강을 건너는데 빈 배가 흘러와서 이쪽 배에 부딪쳤다면, 아무리 속이 좁아 화를 잘 내는 사람이 타고 있었다고 해도 화를 내지 않을 것이다. 그러나 빈 배가 아닌 누군가가 그 배에 타고 있다면 소리쳐 피하라거나 물러나라고 할 것이다.

그때 한 번 외쳐서 듣지 않고 두 번 외쳐도 듣지 않으면 세 번째 외칠 때에는 반드시 욕설이 따를 것이다.

아까는 화를 내지 않았는데 지금은 화를 내는 것은 무슨 까닭이겠는가? 아까는 빈 배였지만 지금은 사람이 타고 있기 때문이다.

사람의 마음도 배와 같아서 자신을 비우고 세상을 살아간다면 누가 그에게 분노하며 욕설을 퍼붓고 해를 끼치겠는가.

세상사의 분란은 모두 사람의 망상과 아집에서부터 비롯된다. 자신의 마음을 겸허하게 비우지 못하면 배에 타고 있는 사람과 같이 마침내 욕을 당하고 마는 것이다.

마음이 평화롭고 텅 비어 있는 사람은 그 누구의 침해도 받지 않고 안정을 누릴 수 있다. 웃는 얼굴에 침 뱉을 사람 없듯이, 욕심 없는 사람에게 비수를 겨눌 수가 없다. 그에게는 빼앗을 것이 없기 때문이다.

내일을 준비하는 마음으로

해와 달이 비록 밝지만 엎어놓은 단지 밑은 비추지 못하고,
칼날이 비록 날카롭지만 죄없는 사람은 베지 못하며,
불의의 재앙은 조심하는 집 문안으로 들어가지 못한다.
(省心 · 下-32 · 태공)

오나라의 왕 합려가 오자서를 비롯한 중신들과 함께 대군을 이끌고 마침내 초나라 정벌에 나섰을 때의 일이다.

오군의 앞을 초나라 장수 심윤술이 소규모 병사들을 거느리고 막아섰다. 이에 합려는 친히 그를 쳐서 위세를 떨쳐보이려 했다. 오자서가 말렸지만 듣지 않았다. 싸움이 벌어지자 과연 초군은 허둥대며 뒤로 물러났다.

신이 난 합려는 본진이 채 합류하기도 전에 후퇴하는 적군을 쫓아 말채찍을 휘둘렀다. 하지만 그것은 초군의 계략이었다. 사방에서 매복해 있던 초군의 급습을 받아 진퇴유곡의 위기에 빠졌던 것이다.

승기를 잡은 초나라의 장수 심윤술은 군사들의 선두에 서서 오른손에 칼, 왼손에는 깃발을 들고 흔들며 도망치는 합려를 맹렬하게 쫓아왔다. 그때 오왕 합려는 보석으로 장식한 투구를 쓰고 비단 전포를 입고 있었기 때문에 햇빛에 투구가 유난히 번쩍거렸다.

"저기 보석으로 장식한 투구를 쓴 놈이 바로 오왕이다. 놓치지 말라!"

심윤술이 합려를 발견하고 이렇게 소리쳤다. 그러자 초나라의 궁사들이 일제히 합려를 향하여 활시위를 당겼다. 화살이 오왕의 주위에 빗발처럼 쏟아졌다. 그러자 합려는 투구를 벗어던지고 계속 도망쳤다. 심윤술이 다시 소리쳤다.

"투구 없이 비단 전포를 입은 놈이 오왕이다. 놓치지 말라!"

이에 합려는 전포까지 벗어던지고 달아났다. 심윤술은 다시 크게 소리쳤다.

"투구도 없고 전포도 입지 않은 놈이 오왕이다!"

이때 오왕과 함께 도주하던 오자서와 다른 장수들이 모두 투구와 전포를 벗어던졌다. 누가 누구인지 분간하지 못하도록 하기 위해서였다. 이렇게 하여 합려는 겨우 목숨을 부지할 수 있었다.

오랜 준비 끝에 치른 첫싸움에서 이렇게 참담한 꼴을 당한 합려는 스스로를 반성하고 교만한 위세를 버렸다. 그리하여 신하들의 조언에 귀를 기울이며 전쟁을 치른 합려는 마침내 소중한 승리를 얻어낼 수 있었다.

천재지변은 미리 짐작하여 어느 정도 대비할 수 있다. 그러나 살아가면서 스스로 만들어낸 모순이 쌓이면 그것은 돌이킬 수 없는 함정이 된다.

그 모순이란 가정이나 사회를 불문하고 오랫동안 나눠온 인간 관계의 허점들이다. 우리가 내일을 준비하는 마음으로 좋은 인간 관계를 쌓아나가야 하는 이유가 바로 여기에 있다.

일찍이 맹자는 "하늘이 내린 재앙은 오히려 피할 수 있지만 자신이 초래한 재앙은 피하여 제 몸을 살릴 수 없다"라고 했다.

오왕 합려가 사지에서 목숨을 건질 수 있었던 것은 오자서를 비롯한 충성스런 신하들을 곁에 두었기 때문이다. 그것은 바로 사람이 최고의 투자이며 재산이라는 명백한 증거다.

조조 역시 명장 관우를 흠모하여 예의로 대했기 때문에 적벽대전의 참패 후에도 목숨을 건져 훗날을 기약할 수 있지 않았던가.

장사숙의 좌우명

1. 말은 믿음이 있고 성실하게 하라.
2. 행동은 인정 넘치게 하고 공경스럽게 하라.
3. 음식은 삼가고 절도있게 먹어라.
4. 글씨는 또박또박 바르게 써라.
5. 용모는 단정하고 엄숙하게 하라.
6. 옷매무새는 깨끗하게 하라.
7. 걸음걸이는 편안하게 하라.
8. 거처는 바르고 정숙하게 하라.
9. 일은 계획을 세워 시작하라.
10. 말을 했으면 반드시 실천하라.
11. 늘 덕성을 견지하라.
12. 허락은 신중히 하라.
13. 착함을 보면 내 일처럼 기뻐하라.
14. 나쁨을 보면 내 병처럼 미워하라.

이 열네 가지를 나는 아직 깊이 성찰하지 못했다. 그러므로 이것을 자리 오른쪽에 써붙이고 아침저녁으로 바라보며 마음을 다진다.

(立敎-9)

행동이 모범을 만든다

관직에 있는 사람은 반드시 심하게 성내는 것을 경계하라.
일에 옳지 않은 것이 있을 때는
자세히 살펴서 처리하면 반드시 적절하게 될 것이다.
만약 먼저 화부터 버럭 낸다면
다른 사람이 아니라 바로 자기 자신에게 해로울 뿐이다.
(治政-4)

북송 때 장괴애란 사람이 숭양현령으로 봉직하고 있을 때의 일이다. 어느 날 그가 관아를 순시하던 중 한 아전이 창고에서 나오는데 거동이 몹시 수상쩍었다.

장괴애는 즉시 그를 불러 몸을 수색하니 아전의 두건 속에 엽전 한 닢이 감추어져 있었다. 그리하여 형리를 시켜 엄히 문초한 결과 창고에 있던 공금을 훔쳐가던 중이었다는 자백을 받았다. 그러자 장괴애는 이렇게 말하며 범인에게 사형을 언도했다.

"엽전이 하루에 한 닢이면 천 날이면 일천 닢이 된다. 먹줄에 쓸려서 나무가 잘라지고 떨어지는 물방울에 돌이 뚫리는 것이다. 하물며 관원의 몸으로 공금을 훔치는 것은 나라의 기둥을 좀먹는 행위이니 용서할 수가 없다."

　바늘도둑이 소도둑이 되며 작은 물방울이 떨어지다 보면 바위에도 구멍이 뚫린다. 장괴애는 추상 같은 판결로 전체 관원들의 부정을 단속했으니, 비록 엽전 한 닢 때문에 도둑질하던 관원은 목숨을 잃었을지라도 장차 그와 같은 탐관오리로부터 가난한 백성들이 도둑질당하는 것을 예방한 것이었다.

　관직에 있는 사람은 백성들에게 공명정대하고 어진 마음으로 대해야만 한다. 어질다는 것은, 자신이 하고 싶어하지 않는 것은 남에게도 시키지 않는 것이다.

　자신에겐 아무리 좋아도 백성들이 싫어하는 것이라면 과감하게 버리며, 백성들이 얻으려고 힘쓰는 것이 있다면 애써 이해하고 긍정하는 마음을 가져야만 한다.

　농부가 밭을 갈고 김을 매는 것은 곡식이 자라나는 데에 피해를 줄 것을 미리 제거하는 것이다. 현명한 사람이 나라를 다스리는 것도 마찬가지다.

　이 세상에는 정의에 해악을 끼치는 것을 제거하려는 어짊이 있다. 사업을 하는 데 있어 정의롭지 않은 일을 망설이지 않고 행한다면 곧 마음에 잡초를 키우는 짓이다. 또 자신의 입에서 나오는 말이 정의롭지 않은데도 계속한다면 이것 또한 언어의 잡초다.

정의롭지 않은 행동 역시 자신을 천박하게 만드는 잡초에 지나지 않는다. 이것들을 애초에 뽑아 밭고랑에 던지지 않는다면 가을에 거둘 곡식이 남아나지 않게 된다.

그러므로 도모하는 일이 정의롭다면 그에 쓰이는 지혜는 가장 훌륭한 수단이 되며, 말이 정의롭다면 그 말은 교훈이 되고, 행동이 의롭다면 그 행동은 모범이 된다.

활을 잘 쏠 줄 모르는 사람이 다른 사람에게 궁술을 가르치고자 한다면 누가 그에게 배우려 하겠는가. 공직자의 행실도 이와 마찬가지여서, 자신의 양심조차 제대로 추스리지 못하는 사람이 남에게 정직과 정의를 권한다면 귀기울이는 사람은 하나도 없을 것이다.

말, 말, 말…

도끼에 맞아 죽더라도 바르게 간하고
가마솥에 삶아 죽더라도 옳은 말을 다하면
이 사람이 바로 충신이다.

〈治政-8 · 『포박자』〉

초나라의 장왕은 즉위 초기에 국정을 다스릴 생각은 하지 않고 매일같이 연회와 사냥에 세월을 보냈다. 그런 방탕한 나날이 3년 동안 계속되자 많은 지사들이 상소를 올려 제발 정치에 관심을 기울여달라고 간언했다.

하지만 장왕은 한술 더 떠서 "더 이상 짐에게 간하는 자는 사형에 처한다"라는 포고령을 내렸다. 이때 오거라는 신하가 왕 앞에 나아가 이렇게 물었다.

"전하, 제가 한 가지 수수께끼를 낼 터이니 맞춰보십시오. 언덕 위에 새가 한 마리 있는데 3년 동안 날지도 울지도 않았습니다. 이 새는 대체 어떤 새입니까?"

그러자 장왕은 파안대소하며 대답했다.

"별로 어려운 문제도 아니구먼. 그 새는 드디어 한 번 날면 하늘 끝에 이를 것이고, 한 번 울면 세상을 흔들 것이다. 그대의 뜻은 알겠다. 그만 물러가라."

이런 일이 있은 지 몇 달이 지나도록 장왕의 태도는 전혀 변하지 않았다. 그러자 이번에는 소종이란 신하가 장왕에게 나아가 말했다.

"전하, 이렇게 정사를 외면하고 향락에만 빠져 있으면 나라가 마침내 멸망할 것입니다. 통촉해주십시오."

그러자 장왕은 얼굴을 붉히며 물었다.

"그렇게 말하면 곧 죽음이라는 것을 그대는 알고 하는 말이렷다?"

"전하께서 정신을 차릴 수만 있다면 하찮은 제 목숨 하나야 무엇이 아깝겠습니까? 부디 백성들을 살피시옵소서."

이렇게 충신들이 앞다투어 간언하자 마침내 장왕은 연회와 사냥을 깨끗이 그만두었다. 장왕은 현명하고 결단력이 빠른 인물이었다. 사실 그는 3년 동안 신하들의 흑백을 가리기 위해서 연극을 했던 것이었다.

그날 이후 장왕은 자신에게 향락을 부추기면서 아첨하던 간신배들을 모조리 쫓아냈을 뿐만 아니라 나라 안의 인재들을 두루 등용하여 초나라를 일약 최강국의 반열에 올려놓았다. 한편, 죽음을 각오하고 용기있게 간언했던 소종과 오거를 국정의 최고 책임자로 임명했다.

❋

인간이 살아가는 데는 정의와 투지, 의지가 있어야 한다. 줏대없이 이런저런 말에 끌려다닌다면 짐승과 무엇이 다르겠는가.

그러므로 심지가 깊은 사람은 어떤 일을 도모함에 있어서 입을 다물지언정 떠들어 스스로를 드러내지 않으며, 졸렬하다는 말을 들을지언정 계략을 자랑하지 않는다.

바닷가의 모래알처럼 많은 사람이 곁에 있더라도 내게 진실한 충고를 하는 사람은 손에 꼽을 정도다. 장왕의 고사처럼 끈기를 가지고 진정한 말을 가려 듣도록 하자.

지혜로운 여자는 겸손하다

못난 사내는 아내를 두려워하고,
현명한 아내는 남편을 공경한다.
(治家-3 · 태공)

위나라 문제 조비의 황후인 곽후는 원래 군의 장관이었던 곽영의 딸로, 태어났을 때부터 남과 달라 곽영이 "내 딸은 여자 가운데 왕이다"라고 말했기 때문에 '여왕'이라고 불렸다고 한다.

그녀는 조조가 위왕이 되었을 무렵 동궁으로 들어갔는데 여성으로서는 보기 드물게 조비가 황태자가 되는 데에도 책략을 썼다.

또한 조비가 제위에 오르자 참소하여, 조예를 낳은 견후에게 죽음을 내리게 했다. 그리하여 견후는 머리칼로 얼굴을 덮고 겨로 입을 틀어막힌 채 매장되었다고 한다.

당시 중랑직 잔잠이 곽씨를 황후로 세우는 것에 반대하여 위제 조비에게 "예로부터 제왕의 정치에는 밖에서 정치를 돕는 자뿐만 아니라 내조도 있습니다"라고 말하고 여러 선례를 들어 설득했다.

그러나 이미 곽씨에게 이끌린 조비는 받아들이지 않고 그녀를 황후로 세웠다. 그후 곽황후는 위 왕실의 크고 작은 일에 끊임없이 간여하여 많은 분란을 일으켰다.

'내조內助'란 이렇듯 '내궁의 법도와 황후의 인덕'을 뜻하는 말로 시작되었다. 하지만 이 말이 시중에서는 아내가 가사를 잘 돌보아 밖의 일을 하는 남편이 집안일에 신경쓰지 않도록 한다는 의미로 쓰였다.

그리하여 예로부터 한 집안에서 며느리를 고를 때는 다음과 같은 경구를 바탕으로 두루 살핀 다음 받아들였던 것이다.

가난한 집 여자는 촌스럽고 누추하며, 부잣집 여자는 교만하고 사치한데, 그것은 보고 들은 것이 그렇게 만들었기 때문이다. 하지만 처음에는 가난했다가 뒤에 부자된 집 여자는 흔히 인색하고, 먼저 부자였다가 뒤에 가난해진 집 여자는 세상물정에 어두운 경우가 있는데 모두가 정상이라 볼 수 없다. 그러므로 부인을 얻어 가문에 들일 때는 모름지기 여러 가지 형세를 살펴 그 버릇을 바로잡지 않으면 안 된다.

당신은 혼자 살 수 있나요?

형제는 손발과 같고 부부는 의복과 같다.
옷이 떨어지면 새로 장만할 수 있지만
손과 발이 끊어지면 다시 잇기 어렵다.
(安義-2 · 장자)

고려말의 학자인 이조년이 소년 시절, 형님인 억년과 함께 한양으로 심부름을 가던 길이었다.

한강변을 지나던 억년의 눈에 커다란 금덩이가 들어왔다. 억년이 놀라서 얼른 그것을 집어들고 기뻐했다. 조금 더 가다가 이번에는 조년이 커다란 금덩이를 주웠다. 두 형제는 이제 하늘의 보살핌으로 어려운 집안살림이 펴지게 되었다며 좋아했다.

부지런히 걸음을 옮긴 형제는 행주산성 못 미쳐 있는 한강 하류의 양천나루에서 나룻배를 탔다. 그런데 한강을 중간쯤 건너는데 조년이 문득 품에 있던 금덩이를 강물에 집어던져 버리는 것이 아닌가. 억년이 놀라서 물었다.

"아니, 왜 금덩이를 버리는 거야?"

그러자 조년이 조심스런 태도로 대답했다.

"형님, 우리가 금덩이를 주운 후 제 마음에 줄곧 탐욕스런 마음이 생겨 어찌할 바를 몰랐어요. 형님이 없으면 제가 두 개의 금덩이를 모두 가질 수 있었을 텐데, 하고 생각하니까 형님조차 원망스럽기까지 했어요. 우애 좋은 우리 형제가 이런 금덩이 때문에 원수가 된다면 금덩이가 어찌 보물이겠어요? 그래서 아까운 마음을 접고 강물 속에 던져버리니까 이렇게 마음이 편할 수가 없네요."

그 말에 억년도 자기 품 속에서 금덩이를 꺼내 강물 속에 던져버리며 이렇게 말했다.

"그렇구나. 나도 네 마음과 똑같았다. 하찮은 금덩이 따위가 우리 형제를 갈라놓는다면 무슨 가치가 있겠니?"

이런 일이 있은 뒤 사람들은 양천나루를, 금덩이를 던져버린 여울이라는 뜻의 '투금탄投金灘'이라고 불렀다.

부부는 헤어지면 다른 인연을 맺을 수 있지만, 형제와 같은 혈연지간에 오해가 생겨 발길이 멀어지면 가문이 무너질 수 있다는 경고다. 즉 형제간의 우애는 한 집안을 버티는 기둥이라는 것이다.

종종 재산다툼 때문에 부자간에 송사가 나고 형제간에 원수가 되는 경우를 본다. 그런 사람들에게 재산의 많고 적음이 행복의 가치일지 모르겠지만, 그들이 추구하는 재산은 저주와 마찬가지다. 왜냐하면 인생에서 가장 소중한 것을 담보로 내놓기 때문이다.

재산의 가치는 가진 사람의 마음에 달려 있다. 그것을 제대로 사용할 줄 아는 사람에게 재산은 축복이지만 제대로 사용할 줄 모르는 사람에게는 저주인 것이다.

따라서 이조년·억년 형제의 일은 자신들을 위기에서 구원한 의미 있는 선택이었다. 우리는 혼자가 아니다. 형제와 가족, 인류가 함께 살아가는 것이다.

다음의 해리 애머슨 포스딕의 경구를 가슴에 새겨보도록 하자.

> 나뭇잎에게 물어보라. 당신은 혼자 살 수 있나요? 그러면 나뭇잎은 대답할 것이다. 아뇨, 나의 삶은 가지에 달려 있습니다.
> 가지에게 그렇게 물어보라. 그러면 가지는 이렇게 대답할 것이다. 아뇨, 나의 삶은 뿌리에 달려 있습니다.
> 뿌리에게 물어보라. 그러면 뿌리는 이렇게 대답할 것이다. 아뇨, 나의 삶은 줄기와 가지와 나뭇잎에 달려 있습니다. 그들이 없다면 나는 살 수 없습니다.
> 우리 인간도 모두 마찬가지다.

예의를 아는 사람의 마음가짐

군자가 용기만 있고 예의가 없으면
세상을 어지럽게 하고,
소인이 용기만 있고 예의가 없으면 도둑이 된다.
(遵禮-2 · 공자)

전국시대, 위나라의 문후가 어느 날 여러 신하들을 불러 모아놓고 연회를 열었다. 그런데 주흥이 무르익자 문후는 신하들에게 이런 제안을 했다.

"그냥 술만 마시니 재미가 없구려. 우리 내기를 해서 지는 사람이 벌주를 마시기로 합시다. 작은 잔은 싱거우니까 커다란 대접에 따르는 것이 어떻겠소?"

이렇게 해서 벌주 마시기 내기가 벌어졌다. 그런데 공교롭게도 제일 먼저 걸린 사람이 바로 문후였다. 신하들은 차마 왕에게 벌주를 마시라고 할 용기가 없어서 다들 머뭇거렸다. 그런데 가장 말석에 앉아 있던 불인이란 사람이 문후에게 나아가 커다란 잔을 내밀며 말했다.
"자, 전하, 약속을 지키십시오."

그러자 문후는 차마 마시기가 두려워 외면해버렸다. 하지만 불인은 물러나지 않고 술잔을 권했다. 그러자 곁에 있던 고관대작들이 어찌할 바를 모르고 얼굴을 붉혔다. 그러다가 한 신하가 불인을 꾸짖었다.

"너무 무례하지 않은가? 전하께서는 이미 술을 많이 드셨다. 어찌 신하로서 벌주를 강권할 수 있는가?"

그 소리에 불인이 냉정한 목소리로 말했다.

"앞서가던 수레가 빠진 바퀴자국은 뒤따라가던 수레에게 좋은 교훈이 된다는 말이 있습니다. 이것은 분명 실수를 되풀이하지 말라는 뜻입니다. 군주가 되는 일도 신하가 되는 일도 다 쉬운 일이 아닙니다. 지금 전하께서 법을 만들자마자 스스로 지키지 않는다면 어찌 한 나라를 다스릴 수 있겠습니까? 전하, 마땅히 받아야 할 벌주라면 받아주십시오. 그것이 나라의 예법을 바로 세우는 길입니다."

이 말을 들은 문후는 고개를 끄덕이며 말했다.
"과연 그대의 말이 옳다. 내가 잘못했다."

그러면서 그는 매우 흡족한 표정으로 커다란 술잔에 담긴 술을 벌컥벌컥 들이켰다.

예의의 중요성을 설파한 글이다. 세상을 어지럽힌 사람 중에는 배웠다고 하는 선비들도 있고 무지렁이 도둑들도 있다. 이들의 공통점은 과연 무엇인가. 곧 예의가 없다는 점이다. 그리하여 맹자는 이렇게 말했다.

> 남을 사랑하는데, 남이 자신에게 친절하게 대하지 않을 때는 자신의 태도에 문제가 없는지를 돌이켜보라. 남을 다스리는데, 잘 다스려지지 않으면 자신의 지혜로움에 대하여 반성할 것이다.
> 남에게 예의로 대했으나 그에 대한 답례가 없으면 자신의 공경함을 돌이켜보아야 한다. 또 자신이 어떤 행동을 하고 그에 대한 보답을 기대했으나 그 기대 밖의 결과가 나오면 자신을 돌이켜보아야 하는 것이니, 진실로 자기 자신이 올바르다면 사람들이 다가올 것이다.

모든 결과에는 원인이 있다. 그 원인은 무릇 자기 자신에게 비롯되는 경우가 많다. 내가 남에게 아무리 정성과 선의로 대했더라도 받아들이는 입장에서는 모욕을 당했다고 오해하는 경우도 있을 것이며, 여러 주변 여건을 종합하여 자신의 선의가 악의로 받아들여졌다고 분개하는 사람도 있을 것이다. 또한 스스로에 대한 모멸감을 갖고 적대시하는 사람도 있다.

물론 이렇듯 자신에게 다가오는 선의를 받아들이지 않는 사람과의 관계를 끊을 수도 있다. 하지만 우선 자신의 처신에 문제가 없었는지를 살피는 것이 예의를 아는 사람의 마음가짐일 것이다.

자식의 허물은 곧 부모의 허물

아버지는 아들의 훌륭함을 말하지 말고,
아들은 아버지의 허물을 말해서는 안 된다.
(遵禮-7)

신라의 대야성에 죽죽이란 장수가 있었다. 백제가 대군을 이끌고 이 성을 공격하자 성주 김품석이 겁을 먹고 항복하려 했다. 그러자 죽죽이 "쥐처럼 엎드려서 삶을 도모하는 것보다는 차라리 범처럼 싸워서 죽는 것이 낫다"며 말렸지만 품석이 듣지 않았다.

이에 죽죽은 흩어진 군사들을 모아 성문을 닫고 농성에 들어갔다. 그런데 날이 갈수록 병사들의 수가 줄어들고 식량도 떨어지자 한 부관이 이렇게 말했다.

"장군, 일단 항복하여 목숨을 부지하는 것이 좋겠습니다. 그래야만 훗날 복수를 할 수 있지 않겠습니까?"

그러자 죽죽이 결연한 표정으로 대답했다.

"우리 아버지께서 내 이름을 죽죽이라고 지어주신 것은 나로 하여금 저 대나무처럼 아무리 추워도 움츠러들지 말고, 꺾이는 일이 있을지언정 숙이지 말라는 뜻이었다. 자식으로서 어찌 아버지의 뜻을 저버리겠는가."

그리고 성문을 열고 나아가 백제군과 맞서 싸우다가 장렬히 전사했다. 훗날 사람들은 그가 싸웠던 산을 죽령이라고 이름 붙였다.

예로부터 자기 자식을 칭찬하는 부모를 못난이로 취급했다. 그것은 바로 자신을 칭찬하는 꼴이기 때문이다.

마찬가지로 자식이 부모의 허물을 남에게 말하는 것은 커다란 불효로 취급되었다.

『논어』에는 이와 관련된 의미심장한 대화가 실려 있다.

언젠가 엽공이 공자에게 이렇게 물었다.

"우리 마을에 매우 정직한 사람이 있습니다. 아버지가 양을 훔치자 그 아들이 관아에서 증언을 했습니다."

그러자 공자는 혀를 차며 대답했다.

"우리가 논하는 정직이란 그와는 다른 것입니다. 아버지는 아들을 위해 숨기고, 아들은 아버지를 위해 숨깁니다. 정직함이란 바로 그 가운데 있습니다."

결국 부모와 아들의 관계는 법률 이전의 관계다.

아버지의 죄를 증언한 아들이야말로 공자의 말에 의하면 실로 패륜아란 뜻이다.

소문에 귀를 닫고 입을 조심하라

입과 혀는 재앙과 근심이 드나드는 문이요,
몸을 망치는 도끼다.
(言語-3·군평)

조조군이 오나라 군대와 맞서고 있을 때의 일이다. 전쟁은 소강 상태에 접어들어 양군이 기약없는 대치 상태에 머물러 있었다. 어느 날 밤 조조가 저녁식사를 하려는데 음식이 닭갈비였다. 때마침 하후돈이 들어와, 군호를 묻자 조조는 별다른 생각없이 방금 전에 먹었던 음식 생각이 나서 '계륵'이라고 했다.

하후돈은 곧바로 전령에게 일러 오늘밤의 군호는 계륵이라 했다. 이때 행군주부 양수가 하후돈의 말을 듣고는 행장을 수습하여 철수할 준비를 했다. 이에 하후돈이 깜짝 놀라 양수에게 물었다.

"그대는 어찌하여 행장을 수습하는 것이오?"

"제가 군호를 듣고 위왕께서 곧 철수하실 뜻이 있다는 걸 알았습니다. 계륵이란 것이 뭡니까. 먹으려니 먹을 고기가 없고 버리려니 아까운 것입니다. 그것은 지금 우리가 처한 전황처럼 이제 나아가도 이기지 못하고 물러가려 하나 남의 눈길이 두렵고 여기에 있자하니 아무 이로운 점이 없는 형국과 똑같지 않습니까. 아마 내일이나 모레쯤 위왕께서 철수할 생각이라는 것을 밝힌 것이니 아예 미리 행장을 수습한 것입니다."

하후돈은 원래 똑똑하기로 소문난 양수의 말에 "과연 학문이 깊으면 사람의 마음속 깊은 곳까지 헤아리는구나" 하고 감탄하면서 자신도 행장을 수습하니, 여러 장수들도 덩달아 돌아갈 준비를 하기 시작했다.

그날 밤 조조는 심신이 편치 못하여 밤바람이라도 쏘이려고 막사 밖으로 나왔는데 병사들이 제각기 철수 준비를 하는 것을 보고 크게 놀랐다. 그래서 하후돈을 불러 물어보았더니 양수가 군호인 '계륵'을 풀이했다는 말을 듣게 되었다.

이 말을 들은 조조는 크게 노했다. 마치 속마음이 들킨 기분이 드는데다가 평소 똑똑한 티를 내는 양수가 얄미웠던 것이다. 그래서 군심을 어지럽힌 죄를 물어 양수를 처형하고 머리를 영문에다 효수했다. 바로 여기에서 '계륵鷄肋'이라는 고사가 유래되었다.

열 마디 말 가운데 아홉 마디가 맞을지라도 신기하다고 칭찬하지 않으면서, 한 마디의 말만 맞지 않으면 원망의 소리가 사방에서 모여든다.

또 열 가지 일 가운데 아홉 가지를 이루어도 공은 그에게로 돌리지 않고, 한 가지 도모했던 일을 이루지 못하면 곧 헐뜯는 소리가 사방에서 일어난다.

그러므로 군자는 차라리 입을 다물지언정 떠들지 않고, 차라리 서툰 척 할지언정 재주있는 체하지 않는 까닭이 여기에 있다.

『채근담』에 실려 있는 입조심에 관한 경구다.

잘한 것은 칭찬하지 않고 못한 것을 보면 무능한 사람이라는 비방이 풀뿌리처럼 퍼져가는 것이 세상 인심이다.

양수는 지략이 뛰어난 인물이었지만 조조의 마음을 너무나 명확하게 읽었기 때문에 화를 입은 것이다. 곧 말을 삼가면 마음이 편안해진다.

소문에 귀를 닫고 입을 조심하면 무능하다는 소리는 듣겠지만 질시나 원망의 화살에서 벗어날 수 있다. 물론 이것은 속좁은 소인배들의 틈에 둘러싸였을 때의 경우다.

두 개의 얼굴을 가진 술

벗과 마시는 술, 천 잔도 모자라고,
적절하지 못한 말 한마디도 너무 많다.
(言語-7)

'……바야흐로 술단지를 들어 술병에 받아 잔에 가득 부은 다음 유유히 들이켠다. 젖은 수염을 쓰다듬으며 다리를 쭉 뻗어도 그 자리에 누우니 베개는 누룩이요, 자리는 술지게미 속이다.

취하여 바라보니 사념과 근심은 어디론가 사라지고 즐거움만이 가득하다. 세상을 초월하여 홀로 우뚝하니 황홀한 기분으로 술을 깬다. 귀를 기울여도 하늘을 찢는 우레 소리 들리잖고, 아무리 눈을 떠도 높은 태산이 보이지 않는다.

……예법을 운운하며 훈계하는 세상의 무리들아. 너희는 마치 허리가 벌이나 배춧잎 위에서 꿈틀거리는 벌레같이 보인다.'

윗글은 죽림칠현 중의 한 사람인 유령의 말이다. 그는 자유롭게 대자연과 하나가 되어 술을 마신 사람으로 유명하다. 그는 언제나 술병을 허리춤에 매달고 다녔는데, 걱정하는 사람들에게 이렇게 말했다.

"내가 죽으면 땅에 묻으면 되지 않나?"

그런 유령이 하루는 아내에게 목이 마르니 술병을 가져다 달라고 했다. 그러자 아내는 술병을 깨뜨려버리고는 눈물을 흘리며 이렇게 호소했다.

"제발 술 좀 그만 드세요. 이렇게 매일같이 취하다가는 제명에 살지 못할 겁니다."

그러자 유령이 대답했다.

"그렇구면. 하지만 나는 도저히 내 힘으로는 술을 끊을 수가 없으니 큰일이구면. 제사를 지내 귀신의 힘을 빌려야겠네. 술과 고기를 장만해주구려."

아내가 그의 말대로 제상을 준비하자 유령은 천연덕스럽게 절을 하며 이렇게 말했다.

"하늘이 나 유령을 낳았고, 나 유령은 술로 이름을 날렸습니다. 이제 한 번에 한 말씩 술을 마셔 숙취를 고치고자 하오니 들어주시옵소서. 그리고 아내가 한 말은 듣지 않은 것으로 하겠습니다."

그러고는 제상에 놓인 제물을 안주로 또 술을 들이켰다.

술은 우정을 나누고 확인하는 좋은 도구다. 하지만 도를 넘어서게 되면 조그만 불만도 크게 표현하게 되고, 별스럽지 않은 언쟁이 서로의 가슴에 커다란 상처를 주는 싸움으로 변하기도 한다.

  그러므로 즐길 때 즐기더라도 어느 정도에 다다르면 과감히 절제하는 관계가 서로에게 이롭다. 취하여 잘못 내뱉은 한마디 말로써 삶의 치명상을 입은 사람들이 어디 한둘이던가.

참된 우정과 거짓 우정

*서로 얼굴을 아는 사람은 세상에 많이 있지만
내 마음을 알아주는 사람은 몇이나 되겠는가?*
(交友-4)

노나라의 재상인 문백이 어렸을 때의 일이다. 타향에 나가서 공부를 마치고 돌아온 문백이 오랜만에 친구들과 만났다.

그런데 친구들은 아는 것이 많고 위풍당당한 그를 매우 어렵게 대했다. 문백이 계단을 오르면 그의 칼을 들고 한 걸음 뒤에 물러서서 걸었으며, 신발을 벗으면 가지런하게 챙겨놓았다. 문백의 어머니 경강이 이런 모습을 보고는 아들을 불러 이렇게 말했다.

"옛날 무왕은 조정에서 정사를 마치고 일어서서 신발을 신는데 스스로 몸을 굽혀 신발의 끈을 매었다. 또 제나라의 환공은 조언하는 친구가 셋, 잘못을 충고하는 신하가 다섯, 매일 잘못을 바로잡아주는 사람 삼십 명을 항상 곁에 두었다.

주공은 한 번 식사하는 동안에 세 번씩이나 입에 든 음식을 뱉어가면서 손님을 영접했고, 세 번씩이나 감던 머리를 움켜쥐고 손님을 맞아들였으며, 가난하고 비좁은 마을을 찾아가 만난 사람이 칠십 명이나 되었다고 한다.

이들을 살펴보면 남에게 굽히기를 어려워하지 않았고, 더불어 친했던 사람들은 항상 자신보다 앞선 이들이었다. 그런데 지금 너는 나이도 어리고 지위도 낮은데 친구들을 모두 하인 다루듯 하니 너의 잘못이 무엇인지 알겠느냐?"

이렇게 호된 꾸지람을 들은 문백은 곧 자신의 잘못을 깨달았다. 그 후 문백은 엄한 스승을 찾아 배우고, 현명한 친구들을 가려 사귀기 시작했다.

얼마 지나지 않아 그가 만나는 사람들은 모두 그 자신보다 나은 인물들이었다. 이를 본 어머니는 손수 음식을 만들어 권하면서 이렇게 기뻐했다.

"내 아들이 이제 어른이 되었구나."

기원전 1세기 경 로마의 희극작가였던 퍼블릴리우스 시루스는 자신의 격언집에 "번영은 벗을 만들고 역경은 벗을 시험한다"라고 썼다. 또 "부자는 벗을 만든다"라는 말도 있다. "그 사람을 모르거든 그 친구를 보라"는 말도 사람들 입에 오르내리고 있다.

하지만 어느 날 문득 스스로를 돌아볼 때 나에게 과연 그런 친구가 있을까 하는 의심이 드는 것은, 글자를 알되 글을 모르는 것처럼 자신에게 무심했기 때문이 아닐까?

빈곤이 집안으로 스며들어오면 거짓 우정은 곧 문지방을 넘어 달아나게 마련이다. 독설가 쇼펜하우어는 이렇게 말했다.

> 어떤 친구가 참된 친구인가를 알아보려면, 진지한 도움과 막대한 희생을 필요로 하는 경우가 제일 좋다. 그 다음으로는 방금 내게 닥친 불행을 친구에게 알리는 순간이다.

사람의 마음은 참으로 간사해서, 고통을 함께 나눈 친구보다는 얄미운 적에게 더 많은 신세를 진다.

적은 이해득실의 화살로 자신을 쏘지만, 선량한 친구는 자신의 바른 소리로 상대가 상처를 입을까 염려하는 까닭이다. 때문에 추종과 아첨이야말로 거짓 친구의 표상임을 알면서도, 많은 사람들이 쉽게 속아넘어가는 것이다.

함께 할 사람 누구인가

열매를 맺지 않는 꽃은 심지 말고,
의리가 없는 친구는 사귀지 말라.
〈交友-6〉

 기원전 497년 월나라 왕 윤상이 죽고 구천이 즉위하자 오나라의 왕 합려가 때를 놓칠세라 공격을 개시했다.
 당시 걸출한 장수 오자서의 지략을 바탕으로 승승장구하던 오나라는 전국의 패자가 되려는 욕심에서 월나라를 침입했던 것이다. 하지만 오나라는 군민이 합심단결한 월나라의 반격에 지리멸렬 대패했다. 더군다나 오왕 합려는 이때 입은 부상으로 목숨까지 잃었다.
 합려의 뒤를 이어 왕위에 오른 아들 부차는 아버지의 원한을 갚기 위해 장작 위에 누워 자면서 복수의 칼을 간 지 3년 만에 월나라와의 싸움에서 이겨 월왕 구천을 회계산에 몰아넣었다. 하지만 그는 오자서의 반대에도 불구하고 항복을 청해오는 구천을 살려주었다.

이후 구천은 쓰디쓴 쓸개를 핥으며 복수를 꿈꾸다가 고소산 전투에서 오나라군을 물리치고 오왕 부차를 사로잡게 되었다. 구천 역시 책사인 범려의 반대에도 불구하고 부차를 살려주었다. 하지만 부차는 일찍이 오자서의 말을 듣지 않은 것을 뼈저리게 후회하면서 스스로 목숨을 끊었다.

이렇게 해서 구천이 천하의 패자가 되자 책사인 범려는 병을 핑계로 월나라를 떠나 제나라로 건너가버렸다. 그러곤 함께 공을 세웠던 대부 종에게 다음과 같은 편지를 보냈다.

'월왕 구천의 사람됨은, 어려움은 함께 할 수 있으나 안락을 함께 누릴 수 없는 인물이다. 그대는 어찌 빨리 그의 곁을 떠나지 않는가?'

그러나 대부 종은 이런 범려의 충고에도 불구하고 미적거리며 권력을 탐하다가 마침내 참소를 받아 구천의 손에 죽고 말았다.

대개 무슨 일을 도모했다가 마침내 성취하고 나면 그 열매를 혼자 가지려는 사람이 있다. 예로부터 이런 사람을 구별하는 것이 자신을 지키는 핵심이었다.

범려는 구천이 그런 인물인 줄을 알았기 때문에 몸을 피하여 자신을 보전했지만, 대부 종은 그것을 알지 못하여 쓰디쓴 결과를 맞이했던 것이다.

인간 관계란 이렇듯 함께 할 때가 있고 나눌 때가 있으며, 만날 때가 있고 헤어져야 할 때가 있다. 그것은 반드시 그래야 하는 필연성이 있는 것이 아니라, 세상사의 이치와 인간의 본성이 그렇게 만드는 것이다. 그러므로 그대여, 한 사람에게 이끌려서 모든 것을 내보이지 말고 집착하지도 말라.

새벽에 문을 열면 함께 취했던 친구는 자신의 집으로 돌아가게 마련이다. 이런 까닭에 당대의 대시인 도연명은 『의고擬古』라는 시에서 다음과 같이 노래했던 것이다.

창 밖에는 난초가 만발하고
마당에는 버드나무 푸르른데
그대와 처음 이별할 때는
곧 돌아온다고 말했지.

문 밖을 나서면 만 리의 나그네
길 가다 좋은 친구 만나면
아직은 말하지 말라. 첫눈에 반했다고
그것은 우정이 아니라네.
단지 우연히 만나 술잔을 나눈 것일 뿐.

난초가 시들고 버들잎 지면
언약을 저버리리라.
다만 말하노니 젊은이여,
사람의 겉모습으로 교분을 나눈다면

그것은 진실도 순수도 아니라네.
목숨처럼 아끼고 사랑하다가
헤어질 때는 또 어찌하려는가.

그녀에게는 특별한 것이 있다

여성의 덕성이란 반드시 재주가 남달라 이름이 나야 함을
뜻하지 않는다. 여성의 용모란 반드시 얼굴이 아름다움을
뜻하지 않는다. 여성의 말씨란 반드시 입담이 좋아서
말 잘함을 뜻하지 않는다. 여성의 솜씨란 바느질 재주가
남보다 뛰어남을 뜻하지 않는다.

(婦行-2 · 『익지서』)

진나라에 범헌자에게는 세 아들이 있었다. 어느날 그들은 진나라 여섯 대부 중의 한 가문인 조간자 집에 놀러갔다. 때마침 조간자가 동산에서 말을 타다가 나무가 너무 많아 불편하다고 여기면서 범헌자의 아들들에게 물었다.

"너희가 생각하기에 이 나무들을 어떻게 했으면 좋겠느냐?"

그러자 맏아들이 대답했다.

"밝은 군주는 묻지 않고는 처리하지 않고, 어두운 군주는 묻지 않고 처리합니다."

둘째 아들이 대답했다.

"말의 발을 아끼면 백성의 노력을 아끼지 않고, 백성의 노력을 아끼면 말의 발을 아끼지 않습니다."

막내아들이 대답했다.

"세 가지 덕으로 백성들을 다스리십시오. 백성들에게 산에서 나무를 베게 시키면 그대로 따를 것입니다. 하지만 이 동산에서 나무를 베도록 하시면 산은 멀고 동산은 가까워 힘이 덜 들 테니 그것이 백성들의 첫 번째 기쁨일 것입니다. 또 동산의 지세는 험하지 않으니 위험하지 않아 기뻐할 것입니다. 이것이 두 번째 기쁨이 될 것입니다. 그리고 나무를 다 베어낸 뒤에 그것을 백성들에게 헐값으로 파신다면 그들은 세 번째 기쁨을 맛볼 것입니다."

조간자는 막내의 대답이 가장 좋다고 여겨 그의 말대로 시행하니 과연 백성들의 호응을 얻었다. 막내는 자신의 말이 적중한 것을 뽐내며 집에 돌아와서 어머니에게 자랑했다. 그러자 어머니가 탄식하면서 다른 자식들에게 이렇게 말했다.

"저 아이가 마침내 범씨 집안을 멸문지화로 이끌겠구나. 자고로 자신의 공을 떠벌리고 자랑하는 사람은 어진 덕이 적은 법이며, 거짓으로 남을 속이는 자는 오래 살지 못한다 했거늘 안타깝구나. 너희는 부디 지혜로써 사람을 속이지 말고 몸을 보전하라."

과연 어머니의 말대로 범씨 집안은 막내아들로 인하여 지백이란 제후에 의해 풍비박산이 났지만 다른 아들의 자손으로 인하여 가까스로 명맥을 이을 수 있었다. 막내아들의 그릇된 지혜로 조간자는 백성들을 속여 동산의 나무를 베어버렸지만, 범헌자의 부인은 그 일로 불행한 내일을 예언하고 자손들을 경계했던 것이다.

『익지서』에 나오는 구절로, 여성의 현명함을 보여주는 내용이다.

옛사람들은 일찍이 남자를 가르치지 않으면 자기 집을 망치고, 여자를 가르치지 않으면 남의 집을 망친다고 했다. 그러므로 자녀들을 엄하게 가르치지 않는 것은 부모의 죄로 간주되었다. 귀엽다고 사랑만을 베풀면 자기 집안은 물론, 다른 집안에게까지 오래도록 근심과 해를 끼치게 된다는 말이다.

바른 삶의 지혜는 교육 안에 있는 것이다. 『명심보감』은 뒷장에서 이 내용에 대한 설명을 잇고 있다.

> 여성의 덕성은, 마음이 맑고 곧아 염치와 절도가 있고, 분수를 지켜 마음을 바르게 가다듬으며 몸가짐에 수줍음이 있고, 움직임에 법도가 있는 것이다.
> 여성의 용모는, 먼지와 때를 씻고 옷차림을 깨끗이 하며 목욕을 제때에 하여 몸에 더러움이 없도록 하는 것이다.
> 여성의 말씨는, 본보기가 되는 말을 가려 하고 예의에 어긋나는 말을 하지 않으며 꼭 말해야 할 때 말하여 사람들이 그 말을 싫어하지 않게 하는 것이다.
> 여성의 솜씨란, 오로지 길쌈을 부지런히 하고 술빚기를 좋아하지 않으며 맛난 음식 장만해서 손님을 대접하는 것이다.
> 이 네 가지 덕목은 여성이라면 반드시 해야 되는 것이다. 하기가 쉽고 힘쓰는 것이 올바르니 이를 따라하는 것이 바로 여성의 범절이다.

아내는 가정을 이루는 커다란 힘

현명한 여성은 남편을 귀하게 만들고,
못된 여성은 남편을 천하게 만든다.
(婦行-6)

　진나라 평공이 어느 날 이름난 궁인弓人에게 활을 주문했다. 그리하여 3년 만에 궁인이 활을 만들어 바치자 평공이 시험 사격을 하기로 했다.
　과녁은 저편 사람이 입고 있는 갑옷에 붙어 있는 작은 비늘이었다. 마침내 평공이 시위를 당기자 화살은 그 사람조차 맞히지 못했다. 평공은 활이 잘못 만들었다고 화내면서 궁인을 사형에 처하라고 명령했다. 이때 궁인의 아내가 황급히 달려와 평공에게 이렇게 말했다.
　"제 말씀을 들어보십시오. 옛날 공류께서 어디론가 가는데 길가에 있던 양과 소떼가 놀라 갈대밭을 짓밟고 달아나는 것을 보고, 백성을 생각하며 마음 아파하셨다고 합니다. 그 은혜가 초목에까지 미치거늘 어찌 전하께서는 죄없는 사람을 죽이려 하십니까?

진나라의 목공은 그의 준마를 훔쳐다가 잡아먹는 도둑들에게 도리어 술을 보내주었습니다. 또 초나라 장왕이 어느 날엔가 주연을 베풀었는데 돌연 바람이 불어 불이 꺼졌습니다. 그 틈을 타 자신의 후궁에게 입맞춤을 한 신하가 있었습니다. 후궁은 얼른 그 신하의 갓끈을 끊고서 장왕에게 그 사실을 알렸습니다. 그러나 장왕은 당사자를 잡아 벌주지 않고 도리어 그 신하를 찾지 못하도록 신하들에게 모두 갓끈을 끊으라고 명하기까지 했습니다.

이 세 군주들의 덕이 천하를 비추고, 마침내 보은을 받아 명성이 오늘날까지 전하고 있지 않습니까? 옛날 요 임금께서는 띠로 이은 지붕의 추녀를 깎아 고르게 하지 않았고, 서까래도 산에서 베어온 그대로 다듬지 않고 썼으며, 흙으로 만든 삼층의 계단으로도 그것을 만든 사람들의 수고로움을 생각해 살기에 편안하다고 말씀하셨답니다.

이제 제 남편이 온갖 정성을 다해 활을 만들었습니다. 활의 본체는 태산의 언덕에서 자라는 나무이고, 덧댄 것은 연나라 소의 뿔이며, 동여매는 것은 초나라 사슴의 힘줄이며, 붙이는 데는 물고기의 부레로 만든 아교를 썼습니다. 이처럼 천하에 드문 재료로써 활을 만들었는데도 전하께서는 과녁을 제대로 맞히지 못하셨습니다.

그것이 어찌 제 남편의 잘못이겠습니까? 제가 알기에 활을 쏠 때 왼손은 날아오는 돌을 막듯이 뻗고 오른손은 나뭇가지를 어루만지듯이 가볍게 쥐며 오른손이 발사하는 것을 왼손이 모르게 하는 것이라고 들었습니다. 이것이 활을 쏘는 도입니다."

평공이 궁인 아내의 간곡한 말에 따라 자세를 바로잡고 시위를 당기니 갑옷의 비늘 일곱 개에 화살을 적중시켰다. 그리하여 남편은 목숨을 구했고 황금까지 상으로 받았다.

남편이 세상에 나가 입신출세하는 데는 무엇보다도 가정의 뒷받침, 곧 아내의 내조가 큰 힘이 된다. 우리 주변에는 정성껏 남편을 도와 높은 지위에 오르게 한 아내들이 있는 반면, 오히려 경망스럽게 행동하여 남편의 앞길을 막는 아내들도 있다.

어떤 아내들은 남편을 후원하기는커녕 오히려 그를 거스르고 배척한다. 그렇게 되면 아무리 유능한 인재라도 용기를 잃고 자포자기하게 되어 꿈을 접게 되는 것이다.

어진 아내들은 남편이 자칫 잘못을 범하더라도 올바른 도리로 권하고, 깨우쳐 경계하면서 남편을 바로잡는다. 그런데 오늘날의 많은 아내들은 오히려 남편을 미혹시키고 충동질하니 안타까운 일이다.

『여헌』에는 "한 사람의 뜻을 얻으면 일생을 잘 마칠 수 있고, 한 사람에게 뜻을 얻지 못하면 일생을 영원히 그르친다"는 말이 있다. 곧 아내와 남편의 교감이 일생을 좌우한다는 뜻이다.

눈 덮인 들길 걸어갈 제…

서리를 밟게 되면 머지않아 단단한 얼음이 언다.
신하가 임금을 시해하고 아들이 아버지를 죽이는
엄청난 일은 하루아침에 갑자기 일어나지는 않는다.
그런 일이 일어나기까지는
그 원인이 오랫동안 쌓인 것이다.
(增補-2)

진시황이 죽고 난 후 그의 아들 호해가 황제로 즉위했다. 때는 이미 가혹한 정치에 분노한 백성들이 각처에서 봉기하여 진나라의 형세가 백척간두의 지경에 다다라 있었다. 하지만 간신들에게 둘러싸인 미련한 황제는 아무것도 모른 채 주지육림에 빠져 있었다.

당시 반란군 중에는 대택향에서 일어난 진승과 오광의 농민군이 가장 컸다. 그들의 세력은 삽시간에 불어나 진나라 전체를 혼란 속으로 몰고 들어갔다. 이에 한 신하가 이렇게 진언했다.

"농민군의 무리가 세력을 떨치고 있으니 빨리 조치를 취해야만 합니다."

하지만 호해는 자신의 기분을 상하게 했다는 죄목으로 그 신하를 감옥에 가두었다. 이렇게 되자 바른말을 하는 신하들은 모두 입을 다물고, 간신들의 아부만이 그의 귀에 들어왔다.

"반란군들은 곧 소탕될 것입니다. 폐하께서는 아무 걱정도 하지 마십시오."

이런 보고를 듣고 호해가 간신들에게 상을 내릴 때 농민군은 수십만 명으로 불어났다. 뒤늦게 사태의 심각성을 알아차린 신하들이 호해가 있는 자리에서 대책을 논의했다. 신하들은 나라가 어지러우니 하루빨리 토벌군을 보내 난을 평정해야 한다고 진언하면서 갑론을박을 벌였다. 그러자 호해는 몹시 성가신 표정을 지으며 화를 냈다.

"별것도 아닌 일을 가지고 무슨 호들갑인가? 그렇게 우리 진나라가 허약해졌다는 말이냐?"

그때 뒤에서 아무 말이 없던 숙손통이라는 신하가 재빨리 황제에게 말했다.

"아닙니다. 폐하께서 그렇게 걱정하실 일이 아닙니다. 황제의 은덕으로 이미 천하는 평화롭고 백성들은 태평가를 부르고 있습니다. 이런 때 반란이 대체 무슨 일이겠습니까? 신들이 작은 좀도둑의 무리에 놀라 호들갑을 떨고 있는 것이니 안심하십시오."

호해는 이 말에 기뻐하면서 그에게 높은 벼슬을 내렸다. 하지만 이미 대세를 돌이키기 힘들다는 것을 알고 있었던 숙손통은 얼마 뒤 진나라를 탈출하여 한나라 유방의 진영으로 들어갔다.

❋

인과응보라는 말이 있다. 세상사 모든 일에는 반드시 원인이 있고 그에 대한 결과가 나온다는 뜻이다. 나의 삶은 나 한 사람만의 삶이 아니다. 그것은 선조와 자손들이 함께 이루어가는 복합적인 인간의 모습이라는 점을 잊어서는 안 된다.

최초로 중국 대륙을 통일하고 흉노의 침입을 막기 위해 저 거대한 만리장성을 쌓았던 무소불위의 진시황이었지만, 거기에는 수많은 백성들의 비통과 원성이 담겨 있었다. 그 결과 진나라는 3대를 넘기지 못하고 멸망하게 되었던 것이다.

이처럼 한 나라가 멸망하고 한 가족이 분열되고 한 개인이 고통스러운 것에는, 그 원인이 하루아침에 생겨난 것이 아니라 오랫동안 쌓여왔던 것이기 때문이다. 그러므로 옛사람들은 선행을 쌓으면 자손들이 두루 평안하고 악업을 쌓으면 그 화가 자손들에게까지 미친다고 했던 것이다.

다음과 같은 서산대사의 시구를 가슴에 새겨보자. 그리하여 좀더 바른길을 걸어갈 수 있도록 마음을 재촉하도록 하자.

눈 덮인 들길 걸어갈 제,
행여 그 걸음 아무렇게나 걷지 말라.
오늘 남긴 내 발자국이
마침내 뒷사람의 길이 되리니…….

세월은 나를 위해 기다리지 않는다

오늘 배우지 않고서 내일이 있다고 말하지 말라.
올해 배우지 않고서 내년이 있다고 말하지 말라.
해와 달은 지나가고 세월은 나를 위해 늦추지 않으니
아아, 늦었구나! 누구의 허물이런가.

(勸學-1 · 주문공)

바야흐로 위·오·촉의 삼국이 창부리를 곧추세우고 천하를 다투던 시절, 손권이 다스리던 남쪽의 오나라는 풍부한 물자를 바탕으로 나라의 안정을 다져가고 있었다. 여기에는 걸출한 재상 노숙의 힘이 컸다.

이때 오나라에는 여몽이란 장수가 있었는데, 평소 노숙과 친분이 있었다. 그는 벼슬이 중랑장에 이르렀지만 학문이 옅어 병법이나 고략에 서툴렀다. 그의 사람됨을 아까워하던 손권은 그를 불러놓고 학문의 중요성을 강조했다.

이에 여몽은 크게 깨달은 바 있어 그날로부터 학문에 몰두하기 시작했다. 그로부터 얼마 뒤 노숙이 그를 찾아왔다. 두 사람은 주안상을 자리에 두고 오랜만에 회포를 풀었는데, 노숙은 여몽이 몰라보게 유식해진 것을 깨닫고 깜짝 놀라 물었다.

"아, 내가 여지껏 자네를 오해했었나 보네. 자네를 그저 힘만 쓰는 무장인 줄로만 알았는데 언제 그렇게 학문을 깨우쳤는가. 실로 과거의 여몽이 아닌 것 같네."

이 말에 여몽은 빙긋이 웃으며 친구에게 말했다.

"그런가? 내가 들으니 선비란 사흘이 지나서 만났을 땐 눈을 비비고 대할 정도로 달라져야 한다고 했네. 그러니 나도 뭔가 바꿔어야 되지 않겠나?"

이렇게 해서 문무를 고루 갖추게 된 여몽은 훗날 맥성전투에서 촉나라의 명장 관우를 계교로 사로잡아 목을 베는 커다란 공을 세우게 된다. 실로 학문의 힘은 무력을 능가하는 바가 있다.

옛사람 중에는 한 손으로 하늘을 떠받드는 사람도 있었고, 한마디 말로 백만대군을 물리치는 사람도 있었다. 그것은 곧 나의 정성스러움이 어떠하냐에 달려 있을 따름이다.

조선 선조 때 당쟁과 임진왜란을 예견했던 문신 박응남의 교훈이다. 그는 수신의 덕목으로 자신에게 성실할 것을 제일로 쳤다. 세월은 사람을 기다리지 않는다. 그러므로 자신에게 성실하지 못하면 아무것도 이룰 수가 없다. 끊임없이 자신을 계발하고 노력하는 사람만이 이룸의 기쁨을 누릴 수 있는 것이다.

아무리 사람이 좋고 충성스러웠던 여몽일지라도 손권이 그를 크게 쓸 수 없었던 것은 당연히 그 기량의 한계 때문이었다. 능력 없는 착한 인간이란, 바퀴 없는 자동차처럼 정작 가장 필요한 때에 쓸 수 없는 존재다. 하지만 그의 머리에 학문이란 무기가 장착되었을 때는 상대가 아무리 천하를 호령하는 관우일지라도 거칠 것이 없게 되었던 것이다.

우리는 자신의 부족한 모습을 감추고 살아갈 수는 있다. 하지만 그 허위로 언제까지나 만족스러운 삶을 유지할 수는 없다.

저 험난한 세상은 나를 어떻게 표현하고 있을까. 그것은 당신이 가진 만큼 보여진다. 흘러가는 시간을 자신의 품에 끌어들여라. 그만큼 당신의 삶은 풍부해진다.

시작은 당장, 실천은 꾸준하게…

반걸음도 꾸준히 내딛지 않으면 천리를 갈 수 없고,
적은 물도 모이지 않으면 강과 바다를 이룰 수 없다.
(勸學-4 · 순자)

조선 중기 율곡 이이와 더불어 성리학의 큰스승으로 일컬어지는 퇴계 이황 선생이 18세 때에 우연히 마을 근처에 있는 연곡리에 놀러갔다가, 골짜기에 있는 조그마한 못의 물이 매우 맑은 것을 보고 마음이 이끌려 다음과 같은 시를 지었다.

　이슬 머금은 풀은 요요히 물가를 두르고
　작은 연못은 맑고 깨끗해 모래도 없어라.
　구름이 날고 새가 지나침이 서로 조화를 이루건만
　다만 때때로 제비가 물결 찰까 두려워라.

이는 천지 자연의 이치가 깨끗한 저대로의 모습을 지니고 흐르는데, 짓궂은 사람의 욕심이 이를 방해할까 두려워함을 읊은 것이다.

퇴계 선생에게는 많은 사람들이 찾아와 가르침을 부탁했는데, 선생은 항상 벗을 대하듯 하여 비록 나이가 젊다 하더라도 보내고 맞을 때에는 공경함을 다하고, 자리에 마주 앉은 첫인사로 반드시 부형의 안부를 물었다. 제자가 질문을 하면 하잘것없는 말이라도 잠시 생각하는 여유를 두어 대답을 하고, 말을 듣자마자 곧바로 대답하는 일이 없었다.

한 번은, 제자의 질문에 답한 글을 한 통 베껴서 벽에다 걸어두고 "내 비록 남을 가르치기는 이렇게 했지만, 내 몸을 돌이켜 살펴볼 때에는 아직 이처럼 다 되지 못했기 때문에 여기에 걸어놓고 스스로 힘쓰고자 하는 것이다"라고 말했다고 한다.

퇴계 선생은 글 읽기를 좋아하여 한여름에도 문을 닫고 조용히 책 보기에만 열중했다. 어느 날 어떤 사람이 무더위로 선생의 몸이 상할까 걱정되어 말하니, 선생이 이르기를 "글을 읽으면 문득문득 가슴이 시원해짐을 느껴서 스스로 그 더위를 모르니 어찌 병이 있겠는가?"라고 했다.

천리길도 한 걸음부터, 학문의 시작은 당장 그리고 꾸준히 해나가야 한다는 말이다. 『근사록』에는 학문을 하는 마음가짐에 대하여 이렇게 쓰여 있다.

옛날에 배우는 사람들은 자신을 위해 공부했으며, 마지막에서야 자신의 명예를 바라보았다. 그런데 오늘날에는 오로지 성공을 위해서만 책을 읽으니 마침내 자신을 망치기에 어울릴 뿐이다.
군자의 배움은 날로 새로워져야 한다. 그것은 날로 진보한다는 뜻이다. 그렇지 않은 사람은 날로 퇴보할 뿐이다. 진보하지도 퇴보하지도 않고 현재의 상태를 견지한다는 말은 거짓이다.

우리가 공부를 할 때에는 끈기있게 하나의 목표를 향해 다가가고, 그것을 달성했다면 다음에는 좀더 새롭고 가치있는 방향을 설정해 나아가야만 한다.
하나의 목표를 이루었다고 해서 게으름을 피운다거나, 책을 덮고 그간의 지식을 팔아 살아가게 되면 언젠가는 뒤처지게 되고 새로운 진리와는 회복할 수 없는 거리가 생기게 된다.
그러므로 우리는 책을 읽되 선하고 넓은 것, 새롭고 창조적인 내용을 찾으려 노력하고, 그 바탕은 고전古典에 두어야만 한다. 그래야만 튼튼한 기초를 가지고 진리의 탑을 세울 수 있는 것이다.
명심해야 할 것은 공부란 목표가 아니라 과정이라는 점이다. 그리고 그 과정은 삶의 목표가 갱신되는 동안 언제까지나 생생하게 살아 있음을 잊지 말아야 한다. 들녘미디어

[참고문헌]

1. 『신역명심보감』, 이기석 역해, 신문화사, 1975
2. 『명심보감』, 추적 엮음/백선해 옮김, 홍익출판사, 1999
3. 『대동소학』, 이민수 역해, 홍신문화사, 1987
4. 『이향견문록』 상·하, 유재건 엮음/이상진 해역, 자유문고, 1996
5. 『열녀전』, 박양숙 편역, 자유문고, 1994
6. 『묵자』, 박문현/이준영 해역, 자유문고, 1994
7. 『대학·중용』, 주희/김미영 옮김, 홍익출판사, 1999
8. 『손자병법』, 손무/유동환 옮김, 홍익출판사, 1999
9. 『모략』, 차이우치우 외/ 김영수 옮김, 들녘, 1996
10. 『한국민담사전』, 최근학, 문학출판공사, 1987
11. 『한국인과 해학』, 장덕순, 시인사, 1986
12. 『고사로 본 한국사』, 이상옥, 문학출판공사, 1990
13. 『고사성어백과사전』, 최근덕 편저, 샘터, 1996
14. 『인생백년을 읽는 한권의 책』, 안길환, 한림원, 1997
15. 『TOP의 시대 TOP의 지름길』, 정현우, 자유시대사, 1992
16. 『세계 고사·전설·신화의 풀이』, 강원룡 외, 문원출판사, 1975
17. 『포박자』, 갈홍/장영창 편역, 자유문고, 1996
18. 『근사록』, 주희·여조겸/정영호 해역, 자유문고, 1997
19. 『식경』, 조병채 해역, 자유문고, 1997
20. 『생활의 예절』, 이덕무/이동희 엮음, 민족문화추진회, 1981
21. 『안씨가훈』, 안지추/유동환 옮김, 홍익출판사, 1999
22. 『몽구』, 이한/유동환 옮김, 홍익출판사, 1999
23. 『맹자』, 홍성욱 역해, 고려원, 1994
24. 『장자』, 최효선 역해, 고려원, 1994
25. 『대동소학』, 이문수 역해, 홍신문화사, 1987

26. 『역사속의 한국여인』, 변원림, 일지사, 1995
27. 『백년 인생 천년의 지혜』, 이용원 편저, 유원, 1997
28. 『한국의 지명유래』, 김기빈, 지식산업사, 1991
29. 『인생을 사는 지혜』, 김환태 편저, 쟁기, 1997
30. 『열자』, 김경탁 역, 한국자유교육협회, 1971
31. 『인생을 최고로 사는 명언명담』, 이창배 편, 원음사, 1992
32. 『조선여속고』, 이능화/김상억 옮김, 동문선, 1990
33. 『한국의 명언』, 김종권 편저, 일지사, 1985
34. 『채근담』, 홍자성 저/안광제 역주, 대일서관, 1983
35. 『어록 삼국지』, 이이녕 편역, 마당, 1986
36. 『처세학 삼국지』, 이이녕 편역, 마당, 1986
37. 『삼국지 현장』, 이이녕 편역, 마당, 1986
38. 『중국역대시가선집』, 신영복/기세춘, 돌베개, 1994